R. DE PLACE

HISTORIQUE

DU

12ᵉ CUIRASSIERS

Dauphin-Cavalerie 1668
12ᵉ Régiment de cavalerie 1791
12ᵉ Cuirassiers 1803
Cuirassiers de la garde 1854

A. LAHURE

INPRIMEUR-ÉDITEUR

9, RUE DE FLEURUS

PARIS

1889

HISTORIQUE
DU
12ᴱ CUIRASSIERS

OUVRAGES CONSULTÉS

Tiroirs de Louis XIV. (Ministère de la Guerre).
P. DANIEL. — *Histoire de la milice française.*
QUINCY. — *Histoire militaire de Louis le Grand.*
CHAPUY. — *Guerres de Louis XIV et de Louis XV.*
GÉNÉRAL DE VAULT. — *Mémoires militaires.*
GÉNÉRAL PAJOL. — *Guerres de Louis XIV.*
PINARD. — *Chronologie.*
BARON ROTHWILLER. — *Histoire du 2ᵉ Cuirassiers.*
Archives du Dépôt de la guerre.
Correspondances des armées.
Matricules du Corps.
Archives du Corps.

18647. — Imprimerie A. Lahure, rue de Fleurus 9, à Paris.

R. DE PLACE

Lieutenant au 12ᵉ Cuirassiers

HISTORIQUE

DU

12ᴇ CUIRASSIERS

(1668-1888)

DAUPHIN-CAVALERIE 1668
12ᵉ RÉGIMENT DE CAVALERIE 1791
12ᵉ CUIRASSIERS 1803
CUIRASSIERS DE LA GARDE 1854

ILLUSTRÉ PAR J. BERNARD

Ouvrage publié avec l'autorisation de M. le ministre de la guerre

PARIS
A. LAHURE, IMPRIMEUR-ÉDITEUR
9, RUE DE FLEURUS, 9

1889

PRÉFACE

Le corps qui porte aujourd'hui le nom de 12ᵉ *Régiment de Cuirassiers* fut créé en 1668 par le roi Louis XIV.

Sous les noms de *Dauphin-Cavalerie*, de 12ᵉ *Régiment de Cavalerie* et de 12ᵉ *Régiment de Cuirassiers*, il combattit vaillamment dans toutes les grandes guerres de l'ancienne monarchie, de la Révolution et de l'Empire. Licencié avec toute la cavalerie en 1815, le 12ᵉ *Cuirassiers* ne reparut plus qu'en 1871, formé du régiment des *Cuirassiers de la Garde Impériale*.

Nous allons essayer de faire revivre le glorieux passé de ce brave régiment; nous y verrons que toujours, dans la fortune comme aux jours d'épreuve, il sut se tenir à la hauteur de sa grande mission, garder intactes les précieuses traditions d'honneur et de patriotisme transmises par ses devanciers, et se créer une réputation de bravoure et de dévouement, qu'il conserve comme son plus précieux titre de gloire.

Cuirassiers du 12ᵉ, vos premiers officiers, les *Chevau-légers-Dauphins*, vous ont légué la fière et noble devise inscrite sur leur étendard : « Pericula Ludus » (Au danger mon plaisir). Vos devanciers ont tenu à honneur de prouver, par leur mépris de la mort et leur grandeur d'âme dans le péril, qu'ils étaient fiers de leur devise et dignes de la porter.

Ils ont transmis d'âge en âge à leurs frères d'armes leur profond amour de la patrie et leur noble esprit d'abnégation et de dévouement. Vous êtes les héritiers de la gloire des héros de Friedland, de Wagram, de Waterloo, de Gravelotte. Quand votre tour viendra de soutenir, le sabre à la main, votre réputation de braves, rappelez-vous que jamais, dans la longue carrière de votre régiment, un cuirassier du 12ᵉ n'a failli devant l'ennemi, ni abandonné un frère d'armes.

BARON DE BENOIST (HENRY, GASPARD, MARIE).
Colonel du 12e Cuirassiers, 1865.

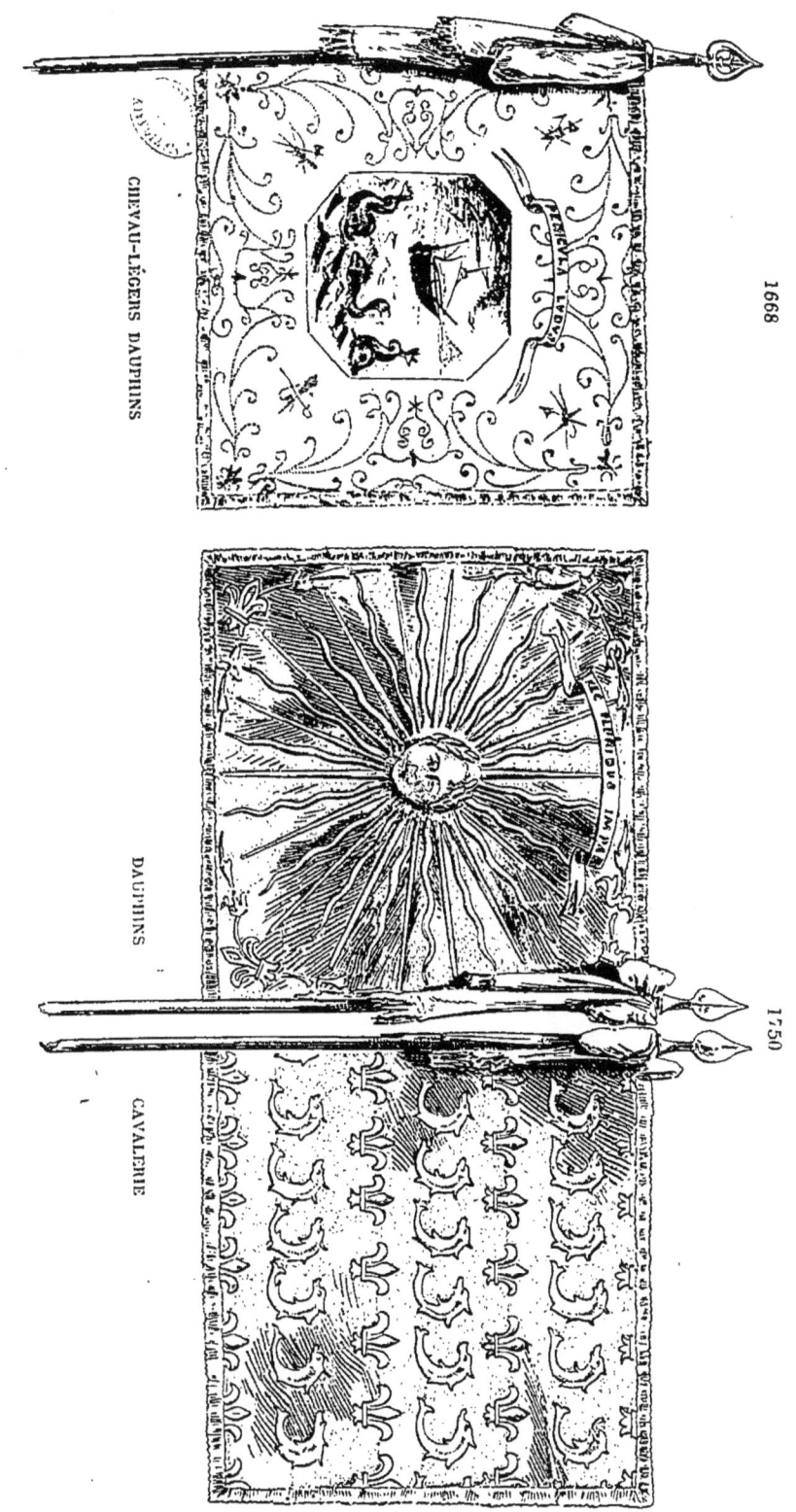

PREMIÈRE PARTIE

DAUPHIN-CAVALERIE

(1668-1791)

CHAPITRE I

LOUIS XIV

Formation du régiment.

Le roi Louis XIV, au moment d'entreprendre la campagne de 1668 en Flandre, mit sur pied 97 régiments de cavalerie. C'est à cette époque qu'apparaît pour la première fois dans l'histoire le régiment du Dauphin.

Créé par ordonnance royale du 24 mars 1668, *Dauphin-Cavalerie* fut formé à la Bassée, au mois de mai, avec huit compagnies tirées de divers régiments réformés et une compagnie des chevau-légers Dauphins[1]. Ces neuf compa-

---

[1]. Le général Suzanne et plusieurs auteurs donnent pour origine à *Dauphin* une compagnie d'hommes d'armes des ordonnances du Dauphin, créée en 1445 par Charles VII. Les anciennes compagnies d'ordonnance furent supprimées vers 1660 par Louis XIV à l'exception de celles des princes. Après la naissance du Dauphin, deux compagnies nouvelles furent créées : les chevau-légers Dauphins en 1662, les gendarmes Dauphins en 1666. Il nous paraît certain que le régiment fut formé des chevau-légers, car ce fut le capitaine de cette compagnie, M. de la Vallière, qu'on chargea de l'organisation de *Dauphin-Cavalerie*. (Tiroirs de Louis XIV).

gnies furent placées sous les ordres du marquis de la Vallière, capitaine lieutenant des chevau-légers Dauphins, qui commanda le régiment avec le titre de mestre de camp lieutenant (le mestre de camp était le Dauphin).

La compagnie des chevau-légers Dauphins avait été créée quelque temps après la naissance du Dauphin et ce fut d'abord la plus belle compagnie de la gendarmerie. Elle se composait de trois cents officiers réformés dont la plupart eurent des pensions. Le marquis de la Vallière, frère de la favorite de Louis XIV, était simple cornette quand il fut mis à la tête de cette compagnie et il la commanda pendant un an avec ce seul titre; il fut fait ensuite capitaine lieutenant.

Les régiments de cavalerie se distinguaient en 2 classes : Les régiments royaux et les régiments de gentilshommes. Sous le nom de royaux étaient compris non seulement ceux qui portaient le nom du roi ou de royal, mais encore ceux des princes du sang, de la reine, du colonel général, du mestre de camp général et du commissaire général.

Dauphin-Cavalerie compte donc parmi les régiments royaux (c'était le 31ᵉ régiment créé depuis 1635); il fut classé au 7ᵉ rang à sa formation; il occupa dans la suite les rangs suivants :

Le 12ᵉ rang en 1671;
Le 13ᵉ » 1688;
Le 14ᵉ » 1693;
Le 15ᵉ » 1725;
Le 14ᵉ » 1758;
Le 19ᵉ » 1761;
Le 18ᵉ » 1790;
Le 12ᵉ » 1791.

Cette première formation du régiment ne fut pas de longue durée; la paix signée en 1668 à Aix-la-Chapelle ne lui laissa pas même le temps d'entrer en campagne. Il fut réformé avec tous les autres corps de cavalerie et réduit en Flandre, le 24 mai, à sa compagnie mestre de camp qui resta franche.

Dauphin-Cavalerie fut remis sur pied l'année suivante. Mlle de la Vallière venait d'être supplantée par Mme de Montespan; son frère eut aussi sa part de disgrâce, car ce fut le marquis de Saint-Gelais qui fut chargé, le 20 avril 1669, de rétablir le régiment à 6 compagnies avec sa compagnie franche.

Tel est le point de départ de la vie militaire de *Dauphin-Cavalerie*. Afin d'en rendre la lecture plus facile, nous étudierons séparément, pour chaque période qu'il traverse, l'histoire de ses campagnes et les changements survenus dans son organisation, ses uniformes et ses étendards.

HISTOIRE MILITAIRE

Louis XIV, profitant du repos gagné par la paix d'Aix-la-Chapelle, résolut en 1670 de réunir au camp d'instruction de Saint-Sébastien la plus grande partie de sa cavalerie, qui y fut exercée en deux périodes. La compagnie mestre de camp de *Dauphin*, forte de 100 maîtres, prit part à ces manœuvres dans la brigade de Bissy, avec les régiments Enghien et Condé. Après avoir passé deux mois au camp, elle le quitta le 27 août, et alla passer l'hiver dans les prévôtés de La Chaussée, d'Haston et de Chastel.

Guerre de Hollande (1672-1678).

Dauphin fit ses premières armes en 1672, à l'armée de Flandre, commandée par le roi et M. de Turenne, et il y resta attaché pendant toute la durée de la guerre de Hollande. Fort de six compagnies, il servit d'abord dans la brigade La Feillée, suivit l'armée aux sièges d'Orsoy, Wesel, Buderick et Rheinberg, et arriva le 12 juin avec elle au bord du Rhin, devant le gué de Tolhuys.

Passage du Rhin. — Louis XIV, ne pouvant attendre l'achèvement d'un pont de bateaux qu'il faisait construire, résolut de tenter le passage à la nage. L'artillerie eut bientôt dispersé les quelques troupes qui défendaient l'autre rive, et deux mille cavaliers, les cuirassiers du roi en tête, se jetèrent dans le fleuve. Comme le courant emportait les chevaux isolés, on fit nager les escadrons en bataille, après avoir fait desserrer les sangles et ôter les gourmettes. Les premières troupes passées se formèrent rapidement, et, conduites par M. de Langallerie, mirent en fuite tout ce qui restait d'ennemis sur la rive.

Ce passage du Rhin a été singulièrement exagéré par les historiens; ce ne fut, de l'avis de Napoléon Ier, « qu'une opération militaire de quatrième ordre », mais qui prouve du moins l'audace et le courage de la cavalerie française.

Dauphin concourut encore à la prise de Dœsbourg, rendu le 21 juin, et passa l'hiver en Hollande.

Siège de Maëstricht. — En 1673, nous le retrouvons sous les murs de Maëstricht assiégé par Louis XIV et Vauban; la place, investie le 10 juin, avec la nouvelle méthode des parallèles, capitule en trois semaines : « M. de Vauban, écrit le comte d'Alligny, en ce siège comme en beaucoup d'autres, a sauvé bien du monde par son savoir-faire. Du temps passé, c'était une boucherie que les tranchées, maintenant il les fait d'une manière qu'on y est en sûreté comme si on était chez soi ».

L'année suivante, le prince de Condé commandait l'armée de Flandre, où *Dauphin* servait dans la brigade de Saint-Cla. Le stathouder Guillaume d'Orange vint l'attaquer le 11 août 1674 devant le village de Seneffe.

Bataille de Seneffe. — Le régiment de Tilladet, en poste avancé, vit déboucher l'ennemi en trois colonnes par Renissart, Seneffe et Famillareux, et rendit compte de sa marche au prince de Condé qui se prépara aussitôt à l'attaque. Pendant que notre infanterie emporte le village de Seneffe, M. de Fourille mène la cavalerie culbuter près de Renissart six escadrons qui gardaient le convoi de l'ennemi, et y sème le plus affreux désordre; il revient ensuite se mettre en bataille devant la cavalerie du prince d'Orange; Condé dirige la charge lui-même, renverse tout ce qu'il rencontre et rejette l'ennemi derrière les jar-

dins et les vergers du village de Seneffe, où l'infanterie arrête sa poursuite. Il se met alors en bataille à droite et à gauche du village, d'où l'infanterie ennemie est enfin débusquée par M. de Montal; Condé la charge aussitôt et la taille en pièces. Cependant la cavalerie hollandaise s'est ralliée et accourt à toutes jambes pour rétablir le combat; nos escadrons se tournent contre elle et la renversent encore. Un furieux combat s'engage alors avec les réserves ennemies qui sont enfoncées à leur tour, jetées sur leurs équipages et poussées jusqu'au village du Fay. Les bagages de l'ennemi sont enlevés, pillés et brûlés.

La bataille se continue jusqu'à la nuit devant le village du Fay; la cavalerie, placée à droite et à gauche, dans le terrain le moins couvert, charge encore plusieurs fois, toujours heureusement, renversant escadrons et bataillons.

L'ennemi avait perdu plus de 100 drapeaux, étendards ou banderoles de timbales, du canon, presque tous ses équipages et 3500 prisonniers. Le prince de Condé eut trois chevaux tués sous lui pendant ces charges furieuses. *Dauphin* s'y comporta bravement, les noms qui suivent en témoignent : MM. de Laforcade, capitaine-major, de Cornélius, de Sautour, capitaines, de Salle de Rochetelle, de Sérizy, cornettes et Milly, maréchal des logis, furent blessés à cette journée meurtrière, dont Mme de Sévigné disait à Mme de Bussy-Rabutin : « Sans le *Te Deum* et quelques drapeaux portés à Notre-Dame, nous croirions avoir perdu le combat. »

Les années suivantes, la guerre en Flandre ne fut qu'une suite de sièges; Guillaume d'Orange n'osait plus attaquer en ligne notre armée victorieuse.

En 1675, *Dauphin* vit tomber en notre pouvoir Dinant, Huy et Limbourg.

En 1676, Condé, Bouchain, Aire, eurent le même sort; le stathouder tenta bien de reprendre Maëstricht, mais dut se retirer précipitamment à l'approche d'un corps de secours, dont *Dauphin* fit partie.

En 1677, le régiment suivit l'armée du roi aux sièges de Valenciennes et de Cambrai, et l'année suivante à la prise de Gand et d'Ypres, le 11 et le 25 mars. Les négociations de la paix de Nimègue furent entamées peu après et le traité signé le 10 août 1678. Malgré la connaissance officieuse qu'il avait de la paix, Guillaume d'Orange, voulant terminer la guerre par une action à son honneur, vint attaquer, le 14 août, le maréchal de Luxembourg et l'armée de Flandre, auprès de Mons, à l'abbaye de Saint-Denis.

Dauphin prit part à l'action, qui fut très meurtrière et resta indécise, faisant plus d'honneur aux talents militaires du prince d'Orange qu'à sa loyauté.

Pendant les cinq années de paix qui suivirent, *Dauphin* fit plusieurs périodes de manœuvres : en 1680, au camp d'Artois, en 1681 et 1682 au camp de la Sarre, en 1683 au camp de la Saône, avec le maréchal de Boufflers.

Siège de Luxembourg. — Bientôt la guerre recommence avec l'Espagne. En 1684, le maréchal de Créqui vient assiéger Luxembourg, et *Dauphin* fait partie de l'armée destinée à couvrir le siège, dans la brigade commandée par M. de Saint-Gelais, son mestre de camp. La place capitule bientôt après le bel assaut donné le 28 mai à son ouvrage à cornes; la trêve de Ratisbonne met fin à la guerre, et donne au régiment quatre années de repos.

Guerre de la Ligue d'Augsbourg (1687-1697).

En 1688, *Dauphin* était au camp de la Meuse lorsque commença la guerre de la Ligue d'Augsbourg; il fut envoyé à l'armée d'Allemagne, commandée par le Dauphin et le maréchal de Duras.

La campagne s'ouvrit par le siège de Philipsbourg, qui capitula le 30 octobre. Mannheim, Spire, Worms, Oppenheim et Trèves tombèrent ensuite en quelques jours.

Le 24 août 1688, le marquis de Saint-Gelais avait été nommé maréchal de camp; le 28 mars 1689, il se démit du régiment *Dauphin* qu'il avait si bien commandé pendant vingt ans et alla trouver une mort glorieuse en Flandre, au combat de Valcourt; il eut pour successeur le comte de Murçay, cornette des chevau-légers de la garde.

Pendant les années 1689 et 1690, l'armée du Rhin se borna à couvrir la frontière; *Dauphin* avait sa place de bataille en 2ᵉ ligne, à l'aile droite, dans la brigade de Saint-Vallier. Il quitta l'armée du maréchal de Duras en 1689 pour faire partie d'un corps conduit par le maréchal de Lorges au secours de Mayence.

L'année suivante, il resta sur le Rhin sous les ordres de monseigneur le dauphin.

Siège de Mons. — En 1691, à la fin de février, *Dauphin* fut envoyé en Flandre au siège de Mons, qui fut investi le 15 mars. Les premiers jours, presque toute la cavalerie fut employée à porter des fascines ; les officiers donnaient l'exemple et en portaient eux-mêmes. La place se rendit le 9 avril, et *Dauphin* retourna sur le Rhin à l'armée du maréchal de Lorges.

En 1692, Louis XIV mit sur pied deux armées en Flandre, l'une, sous ses ordres, devait assiéger Namur, l'autre, commandée par le maréchal de Luxembourg, couvrir le siège. Le 20 avril, *Dauphin* fut affecté à cette deuxième armée, qui rejoignit celle du roi le 20 mai sous les murs de Mons. Le 21, le roi passa en revue toutes les troupes ; le 25, Namur fut investi, et Luxembourg prit position à Gembloux. Aussitôt la ville prise, Louis XIV laissa au maréchal le commandement de toute l'armée.

Bataille de Steinkerke. — Le 3 août 1692, Guillaume d'Orange, désireux de prendre sa revanche de la prise de Namur, vint attaquer le maréchal entre Enghien et Steinkerque. Il espérait que le terrain, très couvert et coupé paralyserait notre brillante cavalerie ; mais il fut bientôt arrêté par l'énergique résistance de l'infanterie et de la maison du roi conduite par les princes du sang. Le maréchal de Luxembourg portait en même temps en avant dans un terrain plus découvert, sur le flanc de l'ennemi, la brigade de cavalerie Dalou, dont *Dauphin* faisait partie, et deux autres brigades. Ce mouvement intimida l'ennemi, déjà trois fois repoussé, et Guillaume d'Orange commença à battre en retraite, serré de près par la cavalerie, qui ne put malheureusement trouver l'occasion de charger.

En 1693, *Dauphin*, après quelques mois passés à l'armée de Flandre, retourna en Allemagne où il resta dès lors jusqu'à la paix ; il servit cette année même sous les ordres des maréchaux de Lorges et de Choiseul, puis du dauphin.

Il est regrettable d'avoir à citer ici un fâcheux acte de vandalisme qui fait une suite malheureuse aux ravages du

Palatinat. La ville de Heidelberg, assiégée depuis quelques jours, fut enlevée par surprise le 22 mai. Une masse de soldats envahit les maisons, les pilla et, trouvant les caves pleines de vin, se livra bientôt à tous les excès. Les ivrognes mirent le feu aux quatre coins de la ville, et allèrent jusqu'à incendier la grande église où l'on avait fait réfugier les femmes et les enfants; il fallut faire tuer plusieurs hommes pour soustraire ces infortunés à l'insulte des soldats.

De rigoureuses mesures de discipline furent prises à la suite de cette affaire, que plus de fermeté de la part des officiers aurait pu empêcher. Villars, lieutenant général commandant la cavalerie de l'armée d'Allemagne, passa en revue tous ses régiments le 24 mai : « J'ai trouvé, écrit-il au ministre, un grand nombre de régiments parfaitement beaux, entre autres, Talmont, *le Dauphin*, Souvré, le Royal, Vivans…. Généralement parlant, on doit être fort content de la cavalerie, et, comme tout le gros va bien, je crois que, s'il se trouve quelques capitaines qui aient une négligence trop marquée à remplir leurs devoirs, il est du bien du service d'en faire un exemple. »

Le dauphin vint peu après prendre le commandement de l'armée, qu'il quitta le 1er septembre; le maréchal de Lorges ramena ses troupes cantonner sur la rive gauche du Rhin.

Le 28 avril 1694, le marquis de Murçay fut nommé brigadier et continua de commander *Dauphin* à l'armée d'Allemagne; pendant cette année et les deux suivantes, il n'y eut de ce côté aucun fait d'armes important. L'armée, successivement sous les ordres des maréchaux de Lorges, de Joyeuse et de Choiseul, se borna à couvrir la frontière.

Combat de Steinbach. — En 1697, *Dauphin* trouva l'occasion de se distinguer à un combat de fourrageurs, le 12 juillet, près de Steinbach. L'opération était dirigée par M. de Saint-Frémond, soutenu par 3000 chevaux et 1500 grenadiers aux ordres de M. de Chamilly. Le comte de Murçay était commandé de service ce jour-là. Au retour du fourrage notre arrière-garde fut attaquée par un parti de 1200 chevaux ennemis, bientôt appuyés par quatre ou cinq gros escadrons de M. de Vaubonne. Pendant qu'une troupe du Royal-Cavalerie arrêtait cette première attaque, M. de Chamilly fit rapidement former 8 ou 10 escadrons qui chargèrent sous les ordres de MM. de Praslin et de Murçay. Les ennemis furent si vertement poussés qu'ils n'eurent pas le temps de se reconnaître et leurs escadrons de soutien si épouvantés qu'ils se sauvèrent en désordre, laissant sur la place 150 morts et 50 à 60 prisonniers.

Les lettres de M. de Choiseul et de M. de la Grange contiennent des éloges particuliers pour la belle conduite du marquis de Murçay et d'un capitaine de *Dauphin*, nommé de la Mottepaillac.

La paix de Ryswick, signée au mois d'octobre 1697, termina la guerre.

Guerre de la Succession d'Espagne (1701-1714).

Le traité conclu à La Haye, le 8 septembre 1701, arma contre la France : l'Angleterre, la Hollande, les princes allemands et l'Autriche.

Campagne de 1701.

Dauphin, fort de trois escadrons, fut envoyé dès le mois de mars à l'armée du Rhin, aux ordres du maréchal de Villeroi, et il entra de suite dans les Évêchés et en Alsace, où l'armée se concentrait. Il fut bientôt désigné pour renforcer l'armée d'Italie, où Catinat avait mal commencé la campagne contre le prince Eugène de Savoie ; parti le 21 juin, *Dauphin* arriva, au milieu d'août, au camp de Vavre sur l'Adda. M. de Tessé vint l'y chercher avec les autres troupes arrivées de France, pour le conduire, le 22, au camp de Fontanella. En même temps Villeroi remplaçait Catinat au commandement des troupes. Le marquis de Murçay, mestre de camp de *Dauphin*, fut nommé à cette époque inspecteur général de la cavalerie.

Le 22 août, le régiment figure à l'ordre de bataille de l'armée des deux Couronnes à l'aile droite en 2º ligne, brigade de Murçay.

Bataille de Chiari. — Le 1ᵉʳ septembre, Villeroi attaque, sans l'avoir fait reconnaître, la position de Chiari, où il essuie un sanglant échec. La cavalerie reste pendant le combat, avec M. de Pracontal, en observation sur la rive droite de l'Oglio. Pendant les mois qui suivent, elle fourrage avec succès devant l'ennemi.

Le 7 novembre, l'armée quitte sa position de Chiari, où elle dépérit, pour revenir devant Crémone prendre ses quartiers d'hiver. *Dauphin* est désigné pour faire partie de la garnison de la ville.

Le 29 janvier 1702, le marquis de Murçay est nommé maréchal de camp.

Campagne de 1702.

Surprise de Crémone. — Le 31 janvier, le prince Eugène tente un coup de main sur Crémone; il parvient à y faire entrer pendant la nuit 1500 hommes, qui envahissent la ville et s'emparent de Villeroi; heureusement la garnison se défend héroïquement et parvient à chasser l'ennemi, grâce à M. de Praslin, qui fait rompre à temps le pont de Crémone. *Dauphin* se distingue dans cette journée. Quatre compagnies du régiment appuient les régiments d'infanterie des Vaisseaux et Royal-Comtois et les aident à reprendre la porte de Tous-les-Saints, ce qui faillit faire enfermer l'ennemi dans la place. M. de Vendôme loue beaucoup la conduite de M. de Secousse, capitaine réformé à *Dauphin-Cavalerie*, « qui soutint l'infanterie avec sa troupe sous le plus gros feu des ennemis. Il eut un cheval tué sous lui, et son neveu fut tué en combattant à ses côtés. »

Vendôme succède à Villeroi prisonnier; il fait, au mois de mars, pour débloquer Mantoue, une expédition dont *Dauphin* fait partie. Le 15, il force le passage de l'Oglio à Soncino, et arrive à Goïto, après avoir enlevé les ponts d'Ustiano et de Caneto. Pendant un mois, les armées s'observent en se livrant des combats de fourrageurs.

Le 1er mai 1702, le marquis de Costentin est nommé mestre de camp de *Dauphin;* le régiment est dans la brigade d'Ourches. Le 1er juillet, le roi d'Espagne Philippe V prend le commandement de l'armée, qu'on sépare en deux pour combattre sur les deux rives du Pô. *Dauphin* passe sur la rive droite, à Casal-Maggiore, avec Vendôme et le roi d'Espagne; il est en réserve dans la brigade Ruffey.

Le 26 juillet, Vendôme avec la cavalerie de l'avant-garde, remporte le brillant combat de Santa-Victoria; l'armée passe le Tassone, et Eugène, levant le siège de Mantoue, vient l'attendre sous Luzzara.

Bataille de Luzzara. — Le 15 août, les armées se rencontrent à Luzzara où les troupes combattent sans résultats jusqu'à la nuit; c'est la prise du château de Luzzara, enlevé le 17, qui décide pour nous la victoire.

La cavalerie n'a pu combattre dans ce terrain coupé de haies et de fossés. *Dauphin*, en réserve derrière la colonne de droite, a protégé l'attaque du château de Luzzara. Quelques jours plus tard il est employé au siège de Guastalla qui capitule le 9 septembre. Peu après, le roi d'Espagne quitte l'armée, qui prend ses quartiers d'hiver à Novi.

Campagne de 1703.

La campagne recommence au mois d'avril 1703. *Dauphin* avec le corps du prince de Vaudemont, reste sur la rive droite du Pô; il est chargé de soutenir sous les ordres de

M. d'Albergotti les positions de Bastiglia, Buonporto et le pont de la Secchia.

Le 30 mai, il contribue au succès d'un coup de main sur Finale, où M. d'Albergotti surprend 250 cavaliers ennemis.

Peu de jours après, un autre détachement se porte sur le Pô, culbute l'escorte d'un convoi de barques ennemies chargées de grains et coule quatre de ces barques.

Le 9 juin, M. de Murçay, maréchal de camp, est chargé par le prince de Vaudemont de diriger une diversion sur Concordia et la Mirandole; M. d'Albergotti doit appuyer ce mouvement. Le 10, arrivé sans être aperçu près du camp ennemi de Quarantoli, d'Albergotti reconnaît qu'il est possible de l'enlever par surprise; il se prépare à l'attaque, lorsque M. de Murçay reçoit un contre ordre, qui lui enjoint de regagner ses lignes, M. d'Albergotti reste seul en bataille pour couvrir la retraite.

Combat de Quarantoli. — Le 11 juin, deux corps ennemis, formant une masse de 5000 hommes, sortent de la Mirandole et de Quarantoli et se jettent sur nous. D'Albergotti tient tête résolument; il fait former sa cavalerie, forte de 16 troupes de 50 maîtres, dans une petite plaine sur sa droite. L'ennemi met en bataille devant elle 1500 chevaux qui s'avancent au trot.

Dauphin-Cavalerie est en première ligne, formé en 6 troupes. Malgré l'inégalité du nombre et un terrain couvert d'obstacles, ce brave régiment se lance à la charge avec toute la vigueur possible, perce les premiers rangs ennemis et engage une mêlée terrible. Mais beaucoup de chevaux sont tombés et *Dauphin*, accablé par le nombre, est refoulé après des prodiges de valeur et se rallie au régiment Espinchal. Bientôt reformé en deux troupes, il revient à la charge avec une nouvelle ardeur, attaque le flanc de l'adversaire, l'arrête et l'empêche de poursuivre son avantage, excitant par sa bravoure et sa fière contenance l'admiration du jeune prince de Vaudemont, chef du corps ennemi. A ce moment arrive fort heureusement M. de Murçay, qui dégage la petite armée et lui permet de se

rallier à Finale. *Dauphin* avait sauvé par son dévouement une bonne partie des troupes de M. d'Albergotti, mais il avait perdu 120 hommes, 2 capitaines : MM. de Mérieux et de Rassal et 4 lieutenants.

Vendôme cite au roi pour sa bravoure M. de Locmaria, capitaine, gravement blessé et fait prisonnier : « Tous, ajoute-t-il, furent tués, blessés ou pris dans les escadrons ennemis où ils étaient entrés. »

Après ce combat le régiment reste sur la Secchia; voici sa situation au mois de novembre : 3 escadrons, 4 capitaines en état de servir à cheval, 10 lieutenants et cornettes, 7 maréchaux des logis, 120 hommes à cheval et 72 à pied.

Campagne de 1704.

Vendôme remplace sur la Secchia le prince de Vaudemont malade ; il cherche à empêcher le général Stahremberg de donner la main au duc de Savoie, devenu notre ennemi.

Au mois de janvier 1704, Stahremberg parvient à forcer le passage et se dirige à marches forcées sur la Stradella. Vendôme, suivi de *Dauphin* et de toutes les troupes de la Secchia, le poursuit activement, enlevant ses bagages et ses traînards. Il atteint et bat son arrière-garde le 4 janvier à la Stradella, puis, le 11, au passage de la Bormida, à Castelnovo : une partie de l'armée ennemie seulement avait passé. La cavalerie de Vendôme conduite par M. de Saint-Frémont culbute le reste dans la rivière; Stahremberg perd 1000 hommes et 7 drapeaux. Il parvient néanmoins à s'échapper et à joindre le duc de Savoie, après une marche qui risquait tant de lui être fatale.

Le 20 janvier, l'armée prend ses quartiers d'hiver et *Dauphin* va cantonner à Vigevano, sur la Sesia. Vendôme emploie l'hiver à construire sur cette rivière une ligne retranchée de 30 milles de longueur, terminée le 27 mars; le régiment est employé à couvrir les travaux devant Zeme.

Au mois de mai, la campagne recommence : l'objectif est Verrue; le 5, l'armée s'assemble sous Casal, passe le Pô et marche sur le camp de Trino. M. de la Bretonnière, à la tête de 500 chevaux, soutenu par Vendôme et la cavalerie de l'aile droite, atteint l'arrière-garde du duc de Savoie, lui tue 400 hommes, enlève deux étendards et fait prisonnier le général de Vaubonne. (*Dauphin* était de la cavalerie de l'aile droite.)

Siège de Verceil. — Par ordre de Louis XIV, on commence la campagne par le siège de Verceil, qui est investi le 5 juin. *Dauphin* couvre le siège, campé, la gauche au quartier général placé au château de Larizale, la droite à la Sesia, près du pont, faisant face à la ville. Après la capitulation il est affecté à la réserve, aux ordres de M. de Chemerault.

Le 13 août, il escorte un convoi qui atteint Azeglio au prix de mille difficultés; le 30 il est sous les murs d'Ivrée qui capitule le 27 septembre.

Siège de Verrue. — Le 15 octobre, il revient avec Vendôme sous les murs de Verrue; il est placé pendant le siège en deuxième ligne, derrière l'infanterie, dans la brigade de la Bretonnière. La cavalerie garde les bords du Pô, mais elle manque bientôt de fourrages et Vendôme doit l'envoyer, en novembre, cantonner dans le Montferrat avec M. d'Estaing.

Campagne de 1705.

Le 12 janvier, d'Estaing, ne trouvant plus à subsister dans ses quartiers, mène la cavalerie à Chivasso. Le 6 mars, il décampe de nouveau pour aller près d'Asti; le 14, il ramène, sur l'ordre de Vendôme, la cavalerie à Trino. Le 9 avril, Verrue capitule et l'armée se sépare. *Dauphin* est cantonné, un escadron à Frassinetto et deux à Pomaro, avec les lieutenants généraux de Praslin et de Montgon.

Siège de Chivasso. — Au mois de juin, Vendôme investit Chivasso, où La Feuillade, maître de Nice et du Dauphiné, cherche à le rejoindre. Vendôme envoie à sa rencontre, au commencement de juillet, M. d'Estaing avec douze compagnies de grenadiers et 3000 chevaux, dont *Dauphin* fait partie. Ce détachement rencontre, le 7 juillet, au bois de Cirié, un corps de cavalerie ennemie et le culbute dans une charge brillante. M. de Mareuil, capitaine à *Dauphin-Cavalerie*, se distingue en chargeant vigoureusement de flanc des dragons ennemis qui avaient mis pied à terre pour faire feu.

Chivasso capitule bientôt; on va commencer le siège de Turin, quand Vendôme, en Lombardie, réclame des renforts qui font ajourner le projet. *Dauphin* parti de Casal, rejoint Vendôme, le 2 décembre, à Palazzuolo, sur l'Oglio.

Mis aux ordres de M. de Medavi, il prend part à un coup de main sur Brescia et enlève un convoi ennemi; il passe l'hiver à Volungo sur le bas Oglio.

Campagne de 1706.

Le 18 avril 1706 Vendôme assemble son armée sous Castiglione. *Dauphin* est en première ligne à l'aile gauche, dans la brigade La Loge d'Imécourt.

Bataille de Calcinato. — Le 19 Vendôme attaque le général Reventklau retranché à Calcinato; pendant que l'infanterie emporte les positions ennemies, la cavalerie, conduite par d'Albergotti, culbute les escadrons autrichiens et les pousse sur Ponte-San-Marco; puis, prenant dans sa retraite l'infanterie chassée de Calcinato, elle achève sa déroute et la poursuit l'épée dans les reins jusqu'à Rezzato.

Le 28 avril 1706 le marquis de Vandeuil est nommé mestre de camp de *Dauphin*.

Après cette rapide campagne, le prince Eugène était bloqué dans la vallée de l'Adige, quand Vendôme, envoyé à l'armée de Flandre, fut remplacé en Italie par le duc d'Orléans et le maréchal de Marsin. Bientôt le prince

Eugène forçait le passage du Bas-Adige et du Pô, distançait le duc d'Orléans à la Stradella et donnait la main au duc de Savoie. Le duc d'Orléans rassembla alors l'armée sous Turin, où l'on décida d'attendre l'ennemi dans les lignes.

Défaite de Turin. — Le 7 septembre, l'armée impériale, après avoir passé le Pô et la Doire, se présente à l'attaque des lignes françaises. Deux fois repoussé, l'ennemi parvient dans une troisième attaque à enfoncer notre centre et à faire plier la droite. L'armée française, séparée en deux, se retire en perdant 1000 tués, 1800 blessés et 3000 prisonniers. *Dauphin*, dans la brigade Simiane, observe pendant toute l'action la garnison de Turin et fait l'arrière-garde de toute la droite qui, conduite par d'Albergotti, bat en retraite par les gués du bas Pô. Le 9, toute l'armée est à Pignerol, le 13 à Fenestrelle, le 15 à Oulx, d'où la cavalerie va cantonner dans l'Embrunois et le Gapençais.

Campagne de 1707.

Au mois de novembre, *Dauphin* est envoyé à l'armée du Rhin aux ordres du maréchal de Villars. Il fait, en 1707, la campagne de Souabe et Franconie.

Au mois de mai, l'armée franchit le Rhin, emporte les lignes de Stolhoffen et de Bühl, et atteint Stuttgart le 8 juin, poussant l'ennemi derrière le Necker. Schondorf, Heilbronn et Mannheim sont enlevés en juin et juillet. Villars manœuvre le reste de l'année devant l'ennemi, qu'il empêche d'entrer en Alsace; il y prend ses quartiers d'hiver après une vaine tentative pour surprendre Fribourg.

Campagne de 1708.

Dauphin passe en 1708 à l'armée de Flandre, commandée par le duc de Bourgogne, avec Vendôme pour lieutenant général. Il figure à l'ordre de bataille du 16 mai en 2ᵉ ligne, dans la brigade Barentin. L'armée s'assemble près de Mons, dans la plaine de Saint-Symphorien. Gand et Bruges tombent en notre pouvoir au mois de juillet.

Bataille d'Oudenarde. — Le 10 l'armée est sous Oudenarde, où Marlborough présente la bataille le 11 juillet; le terrain défavorable empêche l'action de la cavalerie et, après une action indécise, le duc de Bourgogne doit reculer sous Gand, après avoir perdu 3000 hommes. Le 25, *Dauphin* est au camp de Lowendegen; les efforts du duc de Bourgogne ne parviennent pas à sauver Lille qui capitule le 23 octobre, ni Gand, qui se rend le 30 décembre.

Campagne de 1709.

En 1709 le maréchal de Villars prend le commandement de l'armée de Flandre. *Dauphin* quitte Valenciennes au mois de juin pour venir camper près de Douai avec le chevalier de Luxembourg. Au mois de juillet, il suit Villars au camp de Denain, où il reste jusqu'à la capitulation de Tournai, en septembre. Le 6 septembre, l'ennemi investit Mons. Villars, avec le maréchal de Boufflers pour lieutenant général, assemble l'armée à Quiévrain. Le 9, il la met en bataille dans la plaine de Malplaquet.

Bataille de Malplaquet. — La cavalerie se forme sur plusieurs lignes derrière l'infanterie, la droite derrière le bois de Jansart, la gauche derrière le bois de Sars. La journée du 10 se passe en canonnade et en préparatifs. Le 11, l'ennemi attaque nos lignes, le prince Eugène à droite, Tilly à gauche, Marlborough au centre. De notre côté la droite est commandée par Boufflers, la gauche par Villars.

L'ennemi est d'abord repoussé et notre droite prend l'avantage, quand Villars et d'Albergotti sont mis en même temps hors de combat. Notre gauche commence à plier et la cavalerie ennemie vient se former sur quatre lignes devant son infanterie pour achever la déroute.

Boufflers appelle aussitôt nos escadrons, restés jusque-là en bataille sous le feu des canons ennemis, et les conduit lui-même à la charge. Six fois la cavalerie ennemie est culbutée et rejetée en désordre dans ses lignes; malheureusement son infanterie, solidement retranchée, arrête la poursuite et lui permet de se rallier. Enfin Boufflers se retire après avoir tué ou blessé 20 000 hommes aux Anglais; nous en avions perdu 7 à 8000, dont 850 officiers (240 tués, 593 blessés, 17 prisonniers).

La retraite se fait en bon ordre; M. de Legall dirige la marche de la cavalerie, qui campe le 12 entre Valenciennes et le Quesnoy. A la fin d'octobre, après la capitulation de Mons, l'armée se sépare; Dauphin va cantonner à Beaumont, aux ordres de M. de Vivans.

Campagne de 1710.

En 1710 Villars cherche inutilement à sauver nos places assiégées. Le 22 mai, il assemble l'armée sous Cambrai, pour aller secourir Douai. *Dauphin*, dans la brigade de Contades, le suit dans la plaine de Lens; mais on ne peut songer à attaquer l'ennemi fortement retranché, et Douai capitule.

Villars n'est pas plus heureux pour Béthune, Aire et Saint-Venant, qui tombent les mois suivants. Il se porte successivement pour les secourir : dans les retranchements du Crinchon le 12 juillet; au camp de Hesdin le 18 septembre; enfin derrière la Canche le 15 octobre. A cette date *Dauphin* est à Baumery. En novembre, les troupes prennent leurs quartiers d'hiver.

Campagne de 1711.

En avril 1711, *Dauphin*, dans la brigade Périssan, est campé le long de l'Escaut; en juin il est sur les bords de la Scarpe. Un corps ennemi de 10 bataillons et 12 escadrons, aux ordres de M. de Hompesch, était établi entre Gœulzin et Douai; Villars, décidé à tenter un coup de main de ce côté, en confie l'exécution à MM. de Coigny et de Gassion.

M. de Gassion emmène 23 escadrons dont un de *Dauphin*, M. de Coigny 14 escadrons.

Le 11 juillet au soir, M. de Gassion part du camp du Prieuré comme pour aller en pâture, les chevaux tenus en main, puis, faisant remonter à cheval pendant la nuit, il tombe le 12, à 2 heures et demie du matin, sur le camp ennemi qu'il surprend en plein sommeil. Toute la cavalerie est détruite, le camp pillé et brûlé et 950 hommes sabrés. M. de Gassion revient de cette belle expédition avec un butin considérable, de nombreux étendards et 1200 chevaux capturés. Cette affaire remonte beaucoup le moral de nos troupes, mais n'arrive pas à sauver Bouchain, qui capitule le 12 septembre. A la fin d'octobre, le régiment va cantonner à Landrecies.

Campagne de 1712.

Le 9 avril 1712, le marquis d'Harcourt remplace à la tête de *Dauphin* M. de Vandeuil mort. Quelques jours plus tard le régiment va rejoindre l'armée à Cambrai.

Villars, après avoir fait reculer l'ennemi, rassemblait toutes ses forces pour livrer une bataille décisive. *Dauphin* reçut à ce moment l'ordre de passer à l'armée du Rhin avec un détachement de 7 escadrons. Il était déjà à Saint-Quentin, quand Villars, craignant de s'affaiblir, l'y arrêta en demandant au roi la permission de garder toutes ses forces. M. Voysin, secrétaire d'État de la guerre, lui ordonna de laisser le détachement poursuivre sa route, et le régiment rejoignit le 24 mai à Strasbourg l'armée du duc d'Harcourt.

Le 15 juin il est dans les lignes de Lauterbourg, où il reste jusqu'à la fin de l'année; l'ennemi tente, le 12 août, de forcer ces lignes, mais est repoussé après une canonnade de deux jours et repasse le Rhin avec des pertes sensibles. L'armée prend ses quartiers d'hiver au mois de novembre; *Dauphin* est envoyé à Strasbourg, où il a ordre de se tenir prêt à marcher.

Campagne de 1713.

Siège de Landau. — Le maréchal de Villars, vainqueur des Anglais, vient en 1713 prendre le commandement de l'armée du Rhin. L'objectif est Landau, vers lequel doivent converger deux corps partis de Strasbourg et de Metz. Le mouvement s'exécute avec le plus grand ordre du 28 mai au 8 juin.

Le 14, Landau est investi. *Dauphin* fait partie des troupes du siège. La tranchée ouverte trop loin de la place, au grand mécontentement de Villars, fait traîner le siège en longueur. Le 20 août, la place se rend. Deux expéditions heureuses, à la fin de juin, avaient déjà fait tomber Kaiserslautern et la tête de pont de Mannheim.

Pendant que Villars investit Fribourg (septembre), *Dauphin* reste sur le Rhin avec M. de Bezons; il est campé à Hatheim dans la brigade Aubusson. Le prince Eugène cherche inutilement à faire plusieurs diversions de ce côté; ses attaques sur la Lauter restent sans succès et Fribourg capitule au mois de novembre. La campagne était finie; les troupes restent en Alsace et sur la rive droite du Rhin jusqu'à la paix, signée à Rastadt le 6 mars 1714.

II

ORGANISATION

Nous avons déjà rapporté la première formation du régiment *Dauphin-Cavalerie*; de nombreuses ordonnances modifièrent son effectif et son organisation pendant le règne de Louis XIV; voici celles qui nous intéressent particulièrement.

Le 15 avril 1669, *Dauphin* est rétabli à six compagnies avec sa compagnie franche.

Le 1er octobre 1671, une ordonnance compose ainsi l'état-major des régiments de cavalerie : 1 mestre de camp, 1 lieutenant-colonel, 1 major, 1 aumônier et 1 chirurgien. L'escadron est formé de trois compagnies. La compagnie comprend 1 capitaine, 1 lieutenant, 1 cornette, 1 maréchal des logis, 3 brigadiers, 46 cavaliers ou maîtres et 1 trompette.

En 1676, *Dauphin* est porté à 8 compagnies.

Le 20 septembre 1678, la paix amène une réduction d'effectif; les compagnies sont réduites à 34 cavaliers et 2 brigadiers. Les cornettes et le lieutenant-colonel sont supprimés.

Le 28 février 1679, on essaye de préparer la constitution de l'escadron comme unité tactique et administrative. L'ordonnance royale prescrit de grouper ensemble 4 compagnies pour former un escadron de 100 maîtres, commandé par un capitaine en chef et 3 capitaines incorporés. Le capitaine en chef commande l'escadron pour les manœuvres et le service, mais chacun des 4 capitaines reste chargé de la solde, habillement, armement, remonte et recrutement de 26 maîtres, comme s'ils formaient une compagnie isolée. Chaque capitaine a sous ses ordres : 1 lieutenant, 1 maréchal des logis, 1 brigadier, 1 trompette et 34 maîtres, ce qui donne pour l'escadron 8 officiers et 308 hommes.

Le 8 août 1679, la compagnie mestre de camp de Saint-Silvestre est mise à la suite du régiment; elle en est retirée le 1er janvier 1682.

Le 26 décembre 1679, création de 2 carabiniers par compagnie.

Le 7 mai 1682, le régiment est porté de 8 compagnies à 12, formant trois escadrons. Une des compagnies nouvelles est levée par M. d'Imécourt La Loge.

Le 10 septembre 1683, la compagnie est augmentée de 10 hommes en vue d'une guerre prochaine; le 10 mars 1684, le cornette est rétabli dans les compagnies. Le 28 mars, l'état-major du régiment est fixé à un mestre de camp, 1 major, 1 aide-major, 1 aumônier et 1 chirurgien. Le major n'a pas de compagnie.

Le 15 septembre 1684, les cornettes disparaissent, comme cela arrive à la fin de toutes les guerres; l'état-major du régiment n'a plus que 1 mestre de camp et 1 major ayant chacun une compagnie. Les compagnies comprennent un capitaine, 1 lieutenant, 1 maréchal des logis, 2 brigadiers, 2 carabiniers, 40 cavaliers et 1 trompette; la compagnie mestre de camp a un timbalier.

Le 20 février 1686, on rétablit le lieutenant-colonel et l'aide-major. Le major n'a plus de compagnie.

Le 20 août 1688, *Dauphin* passe une compagnie aux régiments mis sur pied et en forme une nouvelle. Au mois de décembre les compagnies sont augmentées.

En février 1689, la guerre fait reparaître les cornettes, l'aumônier et le chirurgien.

Le 25 octobre 1690, chaque régiment est augmenté d'une compagnie de carabiniers composée de : 1 capitaine, 2 lieutenants, 1 cornette, 1 maréchal des logis, 2 brigadiers, 1 trompette et 27 carabiniers. Le 1er novembre 1693, ces compagnies sont réunies pour former des régiments de carabiniers, et les compagnies de cavalerie cessent de posséder leurs 2 carabiniers.

Le 21 octobre 1691, les régiments à 12 compagnies, par conséquent *Dauphin*, formeront désormais 4 escadrons de 3 compagnies au lieu de former 3 escadrons de 4 compagnies.

Le 4 novembre 1697, la paix est signée; les compagnies sont réduites à 30 maîtres; les cornettes, l'aumônier et le chirurgien sont supprimés.

Le 15 décembre 1699, les compagnies n'ont plus que 20 maîtres.

En 1701, la guerre recommence, les compagnies sont portées à 30 puis 35 maîtres; les cornettes, l'aumônier et le chirurgien reparaissent.

En septembre 1710, pour assurer le recrutement de la cavalerie, on autorise les régiments à recevoir 10 miliciens pris dans l'infanterie.

Le 10 novembre 1713, *Dauphin* reçoit par incorporation le régiment de Roye et celui de Saint-Phal.

En 1714, la guerre cesse; les compagnies sont réduites à 30 maîtres, dont 2 brigadiers et 1 trompette; les cornettes sont supprimés.

Le 10 avril 1715, *Dauphin* est réduit à 8 compagnies. L'état-major comprend : 1 mestre de camp, 1 lieutenant-colonel, 1 major, 1 aide-major, 1 aumônier.

Uniformes — Étendards

A la formation des régiments de cavalerie, chaque compagnie portait la livrée de son capitaine. Vers 1668, l'usage d'un vêtement uniforme se répand dans les corps. Enfin, en 1671, le 6 novembre, une ordonnance du roi fixe les couleurs de la cavalerie. Il veut que tous les cavaliers aient des buffles et des manteaux (le collet de buffle, à manches de peau d'élan, se portait à découvert. Le cavalier était ceint d'une écharpe en toile blanche); les compagnies des régiments royaux seront habillées de drap bleu foncé, et porteront la même tenue que la compagnie mestre de camp. Tous les cavaliers auront des chapeaux noirs, les baudriers et porte-mousquetons seront de buffle et de même largeur. Les trompettes sont à la livrée des mestres de camp.

Les cavaliers sont armés d'une épée de 2 pieds 9 pouces, d'un mousqueton de 3 pieds de canon et de pistolets de 14 pouces. Une ordonnance du 25 mars 1672 prescrit la cuirasse, mais les officiers seuls la portaient; le chapeau des officiers était doublé d'une calotte de fer; il ne leur était permis de porter sur leurs habits et équipages aucune passementerie ni galon d'or ou d'argent. Les chevaux devaient avoir de 4 pieds 6 pouces à 4 pieds 8 pouces au maximum.

Le 8 décembre 1692, le roi prescrit d'habiller les cavaliers à neuf tous les deux ans. Cette même année, *Dauphin* portait l'habit bleu avec les parements rouges.

En 1698, les officiers doivent être vêtus de la couleur des soldats; ils auront au chapeau un galon d'or ou d'argent large d'un pouce. Les cavaliers attachent leurs cheveux derrière avec un galon uniforme. Les chapeaux sont retroussés avec des agrafes et portés sur le front à un doigt des yeux.

L'étendard ou cornette était une pièce de taffetas d'un pied et demi carré, fixée au bout d'une lance; au-dessous du fer on attachait une cravate de taffetas blanc. Il y avait un étendard par compagnie.

L'étendard des chevau-légers *Dauphin* était blanc, frangé d'or; il portait d'un côté le soleil d'or avec la devise : *Nec pluribus impar*; de l'autre un vaisseau entouré de dauphins sur une mer agitée, avec la devise : *Pericula ludus*.

L'étendard de *Dauphin-Cavalerie* était bleu, frangé d'or et portait, d'un côté, le soleil et la devise royale, de l'autre : un semis de fleurs de lys et de dauphins d'or et d'argent. Cet étendard s'est très peu modifié pendant les règnes de Louis XIV et de Louis XV.

Une ordonnance du 7 mars 1684 fixe la hauteur des lances des étendards à dix pieds moins un pouce, fer compris. Le 1er février 1689, le roi ordonne qu'il y aura dans chaque escadron deux étendards portés par les cornettes des deux plus anciennes compagnies de chaque escadron.

CHAPITRE II

LOUIS XV ET LOUIS XVI

I

HISTOIRE MILITAIRE

En 1716, le duc d'Harcourt se démit du régiment *Dauphin*; le roi lui donna pour successeur le marquis de Bretonvilliers, capitaine à *Royal-Cravates*.

Expédition d'Espagne (1719).

Le 9 janvier 1719, commença la guerre avec l'Espagne; le maréchal de Berwick fut chargé de l'expédition. La plus grande partie de la cavalerie destinée à l'armée fut laissée en Languedoc, à cause de la difficulté de la faire subsister en Espagne; du reste, on n'en eut pas besoin pour les sièges de Fontarabie et de Saint-Sébastien.

Le siège de Rosas ayant été résolu pour le mois d'octobre, la cavalerie fut appelée à l'armée, où *Dauphin* arriva à la fin de septembre. Le 17 octobre, il est campé près de Perpignan, au Boulou, fort de 2 escadrons, dans la brigade de Ségur.

Le 23 octobre, l'armée est à une lieue de Rosas, au camp de Castello : elle prend position, la droite à Perelada, la gauche à Castello sur une seule ligne, infanterie et cavalerie mélangées, ayant la Muga sur son front. *Dauphin* est

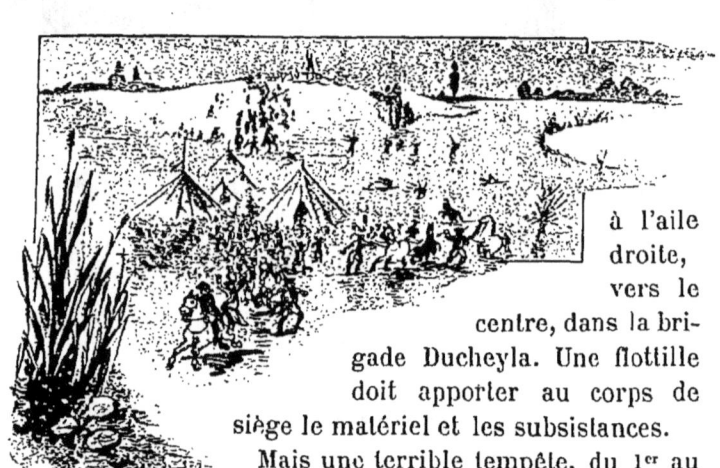

à l'aile droite, vers le centre, dans la brigade Ducheyla. Une flottille doit apporter au corps de siège le matériel et les subsistances.

Mais une terrible tempête, du 1er au 7 novembre, disperse et jette à la côte la plupart des bâtiments de transport, la Muga déborde et envahit le camp si subitement, que la cavalerie n'a que le temps de sauter à cheval et de se sauver sur les hauteurs en abandonnant ses bagages.

C'était un désastre complet, il fallut abandonner le siège de Rosas ; la cavalerie rentra en Languedoc, suivie du reste de l'armée. La paix, signée au mois de janvier 1720, ne permit pas une seconde tentative.

Pendant les douze années qui suivirent, on s'attacha à réglementer les exercices de cavalerie, et à uniformiser l'instruction des régiments. En avril 1730, nous trouvons les 3 escadrons de *Dauphin* au camp d'Aymeries, sur la

Sambre, où le prince de Montmorency-Tingry était chargé de l'instruction de 58 escadrons.

Guerre de la Succession de Pologne (1733-1736)

La guerre de la Succession de Pologne unit contre la maison d'Autriche : la France, l'Espagne et la Sardaigne.

Campagne de 1733.

Dauphin fut destiné à l'armée d'Italie, que devait commander le vieux maréchal de Villars, alors âgé de quatre-vingt-deux ans, de concert avec le roi de Sardaigne, Charles-Emmanuel. Les troupes arrivent au pied des Alpes les premiers jours d'octobre 1733; elles entrent en Piémont en trois colonnes; le 30, Charles-Emmanuel en passe la revue à Vigevano.

Le 10 novembre, le siège est mis devant Pizzighettone; *Dauphin* prend position au delà de l'Adda jusqu'à la prise de la ville, qui capitule sans conditions le 30 novembre. Il cantonne ensuite à Castelléon, entre l'Oglio et l'Adda, couvre par sa position le siège du château de Milan, qui se rend le 30 décembre, et prend ses quartiers d'hiver dans le Lodesan, 1 escadron à Codogno et 2 à Casalpusterlengo.

Campagne de 1734.

Le 20 février 1734, le marquis de Bretonvilliers est nommé brigadier.

Le 12 mars, *Dauphin* est près de Casal-Maggiore, où il passe le Pô pour prendre part à une expédition sur le Mincio; il arrive le 13 à Pescarole, sur l'Oglio, lorsque le mouvement est contremandé. Le régiment revient sur la rive droite du Pô avec M. de Coigny, auquel le départ du maréchal de Villars laisse le commandement de l'armée, le 27 mai.

Le 4 juin, Colorno est emporté sur l'ennemi après un furieux combat; le 29 se livre la bataille de Parme où le général autrichien Mercy trouve la mort. *Dauphin* dut assister comme spectateur à ces deux affaires, où l'infanterie seule décida la victoire, le terrain n'ayant pas permis à la cavalerie d'intervenir.

La conduite équivoque du roi de Sardaigne força malheureusement Coigny à l'immobilité; bientôt la sécheresse arriva, la cavalerie manqua de fourrage et dépérit rapidement. Force fut donc à Coigny d'envoyer la brigade du *Dauphin*, le 2 août, chercher des subsistances sur l'Oglio. Le régiment alla camper dans les prairies entre Marcaria et Gazzolo, sous les ordres de M. de Sendricourt, ce qui l'empêcha de prendre part à la belle victoire de Guastalla, remportée le 19 septembre. Il rejoignit l'armée au mois d'octobre, et la suivit dans sa retraite sur Crémone, où il arriva le 25 novembre et prit ses quartiers d'hiver.

Campagne de 1735.

Au mois de janvier 1735, *Dauphin* est encore obligé de quitter l'armée pour aller chercher des fourrages au delà de l'Adda, où il parvient à se refaire. Le 9 mars, le maréchal de Noailles remplace en Italie le maréchal de Coigny nommé à l'armée du Rhin.

Les hostilités reprennent au mois de mai; le régiment suit l'armée dans une rapide campagne sur la rive droite du Pô; le 6 juin, Revere tombe en notre pouvoir, l'ennemi repasse le fleuve et recule sur l'Adige. *Dauphin* cantonne à Dossolo, jusqu'au moment où la prise de la Mirandole (1er septembre) nous rend maîtres de toute la rive droite du Pô; puis, après une pointe dans le Tyrol et la vallée de l'Adige, il revient prendre, le 5 décembre, ses quartiers d'hiver dans le Milanais à Borghetto, Livraga et Brembio.

Les hostilités avaient cessé depuis le 15 novembre. La paix, signée l'année suivante, amena l'évacuation de l'Italie, au mois de septembre. *Dauphin* rentra en France, partant de Gravelone, par Verceil (16 septembre), Modane et le mont Cenis; il arriva au fort Barraux le 4 octobre, et s'en alla tenir garnison à Caen.

Le 1er mars 1738, le marquis de Bretonvilliers, nommé maréchal de camp, se démit du régiment et fut remplacé à sa tête, le 15 avril, par le marquis de Volvire.

Guerre de la Succession d'Autriche (1741-1748)
Campagne de 1741.

En 1741, *Dauphin* est destiné à l'armée de Westphalie, sous les ordres du maréchal de Maillebois. Il part de Givet pour le Bas-Rhin le 31 août, avec la division de M. de Balincourt, et arrive à Neuss le 16 septembre, en passant par Modave, Cheneux, Melin, Burtscheid, Laurensberg, Braich et Elisen, et en faisant repos tous les trois jours. Pendant un mois et demi l'armée reste dans l'électorat de Cologne.

A la fin d'octobre, au moment où les troupes vont se séparer, l'électeur de Hanovre, qui s'était engagé à la neutralité fait passer le Weser à ses troupes. Maillebois s'établit alors dans l'évêché d'Osnabrück pour couvrir les défilés de Hameln, et place ses troupes en demi-cercle, sur la ligne Aix-la-Chapelle, Munster, Paderborn; le 15 novembre *Dauphin* est à Munster au centre de la ligne.

Campagne de 1742.

Au commencement de l'année suivante, le régiment repasse le Rhin pour aller surveiller la Belgique. Cependant, l'armée du maréchal de Broglie était dans une situation très précaire en Bohême; le roi se décide, au mois de juillet, à envoyer à son secours l'armée de Maillebois et le comte de Saxe. *Dauphin* fait partie de cette armée dans la division commandée par les lieutenants généraux de Lamotte et de Lautrec.

Le 13 septembre, Maillebois et le comte de Saxe se réunissent à Amberg, d'où ils se portent en avant en 6 colonnes pour franchir le défilé de Kaaden.

Mais le 17, le prince Charles, avec 30000 hommes, arrête notre avant-garde à Roshaupt. Pendant un mois, Maillebois cherche inutilement à forcer le passage, il ne peut dépasser Egra. Le 17 octobre, il se décide à reculer sur le Danube, à Dingolfingen, où le maréchal de Broglie échappé de Prague arrive le 21 novembre prendre le commandement de l'armée. *Dauphin* contribue, le 8 décembre, au secours de Braunau assiégé par le prince Charles, qui lève le siège à l'approche de l'armée; les quartiers d'hiver sont pris sur l'Inn entre Braunau et le Danube, le quartier général à Dingolfingen.

Campagne de 1743.

L'année suivante, la campagne s'ouvre par le secours d'Egra, auquel *Dauphin* prend part; 54 escadrons conduits par M. du Chayla arrivent à Egra le 19 avril, chaque cavalier portant en croupe un sac de farine. L'expédition revient heureusement à Amberg le 24, laissant la place bien ravitaillée en hommes, munitions et provisions. Bientôt après, la perte de Braunau et de Dingolfingen met l'armée dans une position critique et l'oblige à reculer. *Dauphin*, sous les ordres de M. de Brun, maréchal de camp, couvre la retraite en gardant la ligne de l'Isar à Worth.

Pendant le mois de juin, l'armée recule sur Kehlheim et Donauverth; elle rentre en France par Spire au mois de juillet. Le maréchal de Saxe en prend le commandement; il envoie *Dauphin*, avec le duc d'Harcourt, surveiller la frontière de la Meuse.

Le 29 juillet, le régiment est à Sarreguemines, fort de 3 escadrons et 390 hommes et reste dans cette région jusqu'à la fin de l'année.

Campagne de 1744.

En 1744, *Dauphin*, renforcé d'un quatrième escadron, est envoyé à l'armée d'Italie commandée par le prince de Conti et l'infant don Philippe; son lieutenant-colonel, M. de Mesplez, y sert avec le grade de brigadier. Le comté de Nice est rapidement conquis et l'armée entre en Dauphiné dès le mois de juin; la cavalerie cantonne dans le Gapençois sous les ordres de M. d'Argouges, *Dauphin* est à la Mure.

Le 21· juillet, les passages des Alpes sont forcés; l'armée débouche en Italie en trois corps; le 22, *Dauphin* est au camp de Sambuco, le 25 à Vinadio.

Pendant que le prince de Conti assiège Demonte, la cavalerie passe la Stura et prend position entre Borgo et Rocca Sparviera. Peu de jours après, la tranchée est ouverte devant Coni; *Dauphin*, avec le corps d'observation, s'établit sur la rive gauche de la Stura. La situation ne tarde pas à devenir périlleuse; le roi de Sardaigne s'avance à grands pas pour secourir Coni, pendant que, derrière nous, les Barbets et les Vaudois soulevés descendent des montagnes pour couper nos communications.

Combat de Borgo. — Le 29 septembre, à la pointe du

jour, 6000 montagnards tentent de surprendre le poste de Borgo faiblement gardé. M. de Volvire accourt heureusement avec *Dauphin* et deux bataillons, charge résolûment les Barbets, leur tue 2 à 300 hommes et les poursuit l'épée dans les reins jusqu'à Roccavione. Le prince de Conti fait les plus grands éloges de *Dauphin* et de son chef qu'il dit être « le premier colonel de cette année et dans le cas d'être brigadier ». On fut malheureusement obligé, malgré la défaite du roi de Sardaigne, de lever le siège de Coni le mois suivant ; la cavalerie vint camper à Demonte le 22 octobre et rentra en France par le col de l'Argentière.

Campagne de 1745.

Dauphin, après avoir passé l'hiver en Provence, reprend la campagne au mois de juin. Le 27, il quitte Nice avec la division de Gendre pour rejoindre, le 10 juillet, le maréchal de Maillebois et l'infanterie à Spigno, à l'entrée de la plaine italienne ; Acqui, Serravalle et Tortone tombent en notre pouvoir.

Combat de Bassignano. — Le 27 septembre 1745, le roi de Sardaigne, surpris à Bassignano, est mis en déroute et perd 1800 hommes, 12 canons et 3 drapeaux. *Dauphin*, dans la colonne de Senecterre, a pris part à ce bel exploit qui nous rend bientôt maîtres d'Alexandrie, Asti et Casal ; il cantonne à Camagnano et Gonzano.

Campagne de 1746.

L'année suivante est loin d'être aussi heureuse pour nos armes. *Dauphin*, envoyé des bords du Pô cantonner dans la vallée de la Polcevera, est rappelé au mois de mai au camp de Posol-Formigara.

Défaite de Plaisance. — L'Infant irrité de quelques revers avait résolu de risquer la bataille ; il attaque imprudemment, le 16 juin, le roi de Sardaigne sous les murs de Plaisance, malgré les avis de M. de Maillebois. Les Espagnols lâchent pied devant la cavalerie du prince de Lichtenstein et le poids du combat retombe sur les Français; M. de Volvire, mestre de camp de *Dauphin*, à la tête de 200 carabiniers, arrête par une charge héroïque les escadrons ennemis, mais bientôt isolé, il doit céder au nombre et suivre la retraite de l'armée, qui repasse le Refudo dans le plus grand désordre. *Dauphin* n'avait pas été engagé à la suite de son colonel; il ne perdit que quelques hommes et eut un capitaine blessé.

Combat du Tidone. — Il fallut abandonner Plaisance et battre en retraite; le 10 août l'armée atteignait le Tidone, quand elle fut attaquée par le roi de Sardaigne. *Dauphin* prend là une éclatante revanche de Plaisance; un de ses escadrons charge au commencement de l'action avec la cavalerie espagnole; le régiment des dragons autrichiens de Savoie est culbuté d'un furieux élan et perd un étendard.

L'ennemi revient à la charge, et les Espagnols plient devant ses escadrons lorsque la cavalerie française s'avance sous les ordres de M. d'Argouge. En tête est un nouvel escadron de *Dauphin*, que M. de Vogué, maréchal général des logis, mène à la charge lui-même. Rien ne peut résister à son choc furieux, et les Autrichiens rompus sont rejetés sur des haies qui couvrent à grand peine leur ralliement.

La cavalerie française s'établit sur deux lignes derrière l'infanterie et reste immobile sous le feu de l'ennemi décontenancé par cette fière attitude. Bientôt le roi de Sardaigne est repoussé avec une perte de 6000 hommes. Cette brillante journée coûtait plusieurs officiers aux deux escadrons de *Dauphin* :

M. de Brantès, major, blessé légèrement;
M. de Mesples, capitaine, bras cassé et coupé;
M. de Cottet, lieutenant, tué;

M. de Monchal, lieutenant, blessé dangereusement à la cuisse;

M. Charles, lieutenant, blessé d'un coup de feu à la main;

M. Loys, lieutenant, blessé;

De plus 3 maréchaux des logis tués et 1 grièvement blessé.

Dauphin rentre en France à la fin du mois, et pendant que l'armée couvre Nice, il va cantonner sur le Rhône jusqu'à la fin de la campagne.

Le 3 mars 1747, le marquis de Marbœuf, capitaine aux cuirassiers du roi, est nommé mestre de camp de *Dauphin* en remplacement du marquis de Volvire; le régiment reste attaché à l'armée d'Italie. Il est au mois de mai au camp de Valence; il fait une apparition sur les Alpes et le Var et hiverne à Lons-le-Saulnier.

En 1748, la paix est signée à Aix-la-Chapelle et *Dauphin* va tenir garnison à Auch; en 1749 il est à Issoire, puis à Sarrelouis, en 1750 à Vesoul, en 1751 à Landau, en 1752 à Dôle.

Le 11 juillet 1753, le marquis de Marbœuf se démet du régiment *Dauphin*. Le comte de Périgord, ancien colonel de Normandie et menin du Dauphin, le remplace. En 1754 le régiment est à Colmar; en 1755 au camp de Richemont sur la Moselle, d'où il part pour Beauvais. Le comte de Périgord est nommé brigadier le 23 juillet 1756 et grand d'Espagne en 1757.

Guerre de Sept Ans (1757-1763)
Campagne de 1757.

Dauphin était en garnison à Lille, lorsqu'il reçut l'ordre de rallier l'armée du Rhin, commandée par le maréchal d'Estrées. Du 8 au 20 mai, fort de 2 escadrons, il est au camp de Ruremonde; il suit l'armée dans sa marche en

Hanovre par Munster, Warendorf, Biefeld et Hastembeck, et assiste, sans avoir occasion de donner, à la brillante victoire remportée le 26 juillet à Hastembeck sur le duc de Cumberland.

Le 7 août, le maréchal d'Estrées, victime d'une odieuse cabale, est remplacé par le maréchal de Richelieu. Sous ses ordres *Dauphin* prend part à la prise de Minden et de Hanovre, et à la poursuite de l'armée de Cumberland, qui capitule, le 8 septembre à Clostersevern. Le 12, le régiment est au camp de Zell, aux ordres de M. de Contades. Dans la marche de l'armée en 9 divisions sur Wolfenbuttel, il suit la première division commandée par M. de la Suze, qui arrive à Wolfenbuttel le 22 novembre. Il passe alors aux ordres de M. de Saint Pern, qui le ramène en décembre au camp de Zell et à Hanovre.

Campagne de 1758.

Le régiment prend, le 15 janvier 1758, ses quartiers d'hiver à Hildesheim, sur l'Innerste. Le comte de Clermont, successeur de Richelieu, rassemble l'armée, le 31 mars, à Wesel et s'établit sur trois lignes entre Cologne et Clèves; *Dauphin* est à l'aile gauche de la première ligne, à Sonsbeck.

Défaite de Crefeld. — Au mois de juin, Ferdinand de Brunswick, poussant devant lui notre armée, passe le Rhin et vient attaquer le comte de Clermont, le 23, à Crefeld. Ce combat est pour nous un désastre ; en vain M. de Mortaigne, avec la cavalerie de l'aile gauche, essaye d'arrêter l'ennemi victorieux; il est ramené avec de grosses pertes et la retraite commence dans le plus grand désordre. *Dauphin* perdit à cette bataille le capitaine de Crancé, qui eut la jambe cassée, 15 cavaliers blessés et 22 chevaux tués. Ce fut un des régiments qui souffrirent le moins, car la perte de la cavalerie se chiffre ainsi :

26 officiers tués, 156 blessés ;

657 hommes tués, 458 blessés ;
1294 chevaux tués, 385 blessés.

Le maréchal de Contades remplace bientôt le comte de Clermont; il reprend l'offensive et porte l'armée le 25 juillet à Recklinghausen, où l'on trouve *Dauphin* au corps de bataille. Le 3 septembre, la brigade de *Dauphin* est envoyée à Unna avec les Saxons pour observer le corps

du prince de Brunswick sur la Lippe; le 23, nouvelle expédition du régiment sur Werne pour empêcher la jonction de deux corps ennemis. Enfin au mois d'octobre il suit M. de Chevert dans le pays de Waldeck, à Werle et à Paradiers.

Dauphin souffrit beaucoup de cette dure campagne; aussi, lorsque l'armée vint se refaire sur la rive gauche du Rhin, avait-il besoin d'un long repos. Il partit le 12 novembre de Soest, précédant l'armée, et rentra en France par Hemerden, Nieukirchen, Dueren, Munster, Liège et Huy; il gagna ensuite Vassy.

En 1761, *Dauphin* est en garnison à Mulhausen et Limbourg; son mestre de camp, le comte de Périgord, nommé maréchal de camp le 20 février, cède le commandement du régiment à son neveu, le baron de Talleyrand-Périgord.

Campagne de 1762.

En 1762, *Dauphin*, renforcé par l'incorporation du régiment *Dauphin-Étranger*, reprend les armes et, fort de 4 escadrons, rejoint sur le Rhin l'armée des maréchaux d'Estrées et Soubise. Il cantonne les premiers mois dans l'arrondissement de Fulde, à Kitzingen, avec un détachement de 100 chevaux à Gœttingue. Le 20 juin, il est à Cassel où l'armée s'est assemblée pour marcher sur la Diemel. Mais les généraux Sporken et Grauby nous attaquent à l'improviste près de Wilhelmsthal et les maréchaux d'Estrées et Soubise, pris à revers, ne doivent leur salut qu'à l'héroïque résistance de leurs corps des ailes; ils parviennent à se retirer en bon ordre sur Lutterberg. *Dauphin* perd à ce combat 2 cavaliers, 10 chevaux et les équipages de quelques officiers. Le 27, il est au camp de Landwehrhagen, qu'il quitte pour aller avec M. de Chevert faire une expédition sur Gœttingue.

Les derniers mois sont employés à une série de manœuvres pour délivrer Cassel assiégé et, après un dernier engagement à Amenebourg, les armées restent en présence jusqu'à la paix, annoncée le 7 novembre. *Dauphin*

prend ses quartiers d'hiver sur le Bas-Rhin et la Meuse qu'il occupe jusqu'à l'évacuation.

Pendant les vingt années de paix qui suivirent la guerre de Sept Ans, *Dauphin* alla de garnison en garnison :

En 1763, Sedan.
En 1764, Saint-Mihiel.
En 1765, Strasbourg.
En 1766, Vesoul.
En 1768, Thionville.
En 1771, Doullens.
En 1772, Verdun, Redon, Pontivy.
En 1773, Dôle.
En 1775, Dôle, Dijon, Schelestadt.
En 1777, Gray.
En 1778, Toul.
En 1779, Verdun, Lille, Guise, Jussey.
En 1780, Strasbourg.
En 1783, Joigny.
En 1788, Besançon.
En 1792, Gray.

Il eut pendant ce temps pour mestres de camp :

Le 1er mars 1763, le marquis de Vibraye.

Le 13 avril 1776, le marquis de Toulongeon, mestre de camp en second, qui passa en premier, en 1780.

Le 11 novembre 1782, le comte de Durfort.

Le 1er janvier 1784, le vidame de Vassé et, comme mestre de camp en deuxième, le comte de Polastron, qui fut nommé colonel attaché le 3 mai 1788.

Nous tirons de la correspondance du comte de Mercy-Argenteau le récit d'une revue passée par le Dauphin (Louis XVI) de son régiment, le 19 octobre 1772, en présence du roi.

« M. le Dauphin se rendit à midi à 2 lieues d'ici, où il était attendu par son régiment; Mme la Dauphine ne tarda pas à s'y rendre de son côté avec la duchesse d'Aiguillon et la duchesse de Mirepoix. A l'arrivée du roi, M. le Dauphin commanda lui-même les évolutions que fit le régiment. Ce jeune prince parcourut les rangs et parla à tous les officiers; il les présenta à Mme la Dauphine, qui, de sa main, daigna leur donner à chacun une cocarde. Elle commença par le Dauphin; il prit la cocarde et la mit sur-le-champ à son chapeau. Pendant une des manœuvres, il

arriva qu'un cuirassier eut le malheur de tomber avec son cheval. M. le Dauphin courut à lui, demanda à cet homme s'il était blessé et lui donna 3 louis de sa main; ce soldat n'avait reçu qu'une légère contusion. Après le départ du roi, M. le Dauphin et Mme la Dauphine restèrent encore près d'une heure au milieu du cercle des officiers et leur donnèrent toutes sortes de marques de bonté. M. le Dauphin fit distribuer 200 louis à la troupe et elle en reçut 100 de la part de Mme la Dauphine. »

C'était la première fois que le jeune prince, alors âgé de

dix-huit ans, paraissait à la tête d'une troupe et tout le monde fut émerveillé de la conduite qu'il tint en cette occasion.

(Lettre du comte de Mercy-Argenteau à Marie-Thérèse, du 14 novembre 1772.)

Le 1ᵉʳ janvier 1791, la cavalerie fut réorganisée et les régiments classés par ordre d'ancienneté. *Dauphin-Cavalerie* quitta le nom qu'il avait si vaillamment porté pendant cent vingt-trois années pour prendre celui de : 12ᵉ *Régiment de cavalerie*.

II

ORGANISATION

Pendant les règnes de Louis XV et de Louis XVI, les régiments de cavalerie se rapprochent peu à peu de leur organisation actuelle. Voici quelles ordonnances nous intéressent spécialement :

Nous avons laissé *Dauphin* formé à 8 compagnies en 1715.

Le 28 avril 1716. — La compagnie a 2 officiers, 1 maréchal des logis, 2 brigadiers, 22 cavaliers, 1 trompette. Nous ne parlerons plus du major et de l'aumônier qui sont supprimés à la paix pour être rétablis à chaque campagne.

Le 6 avril 1718. — Chaque compagnie a un capitaine en second et un lieutenant en second, qui sont supprimés en 1722; la guerre a fait porter l'effectif à 41 hommes, la paix le ramène à 25; le major est rétabli.

Le 1er février 1727. — La compagnie est portée à 45 hommes; *Dauphin* reçoit une 9e compagnie et forme 3 escadrons.

Le 25 janvier 1729. — On crée deux cornettes par régiment pour les deux premières compagnies.

Le 30 mars 1730. — *Dauphin* reçoit la compagnie de La Ferronays, et deux compagnies nouvelles; il est porté à 12 compagnies de 40 hommes formant 3 escadrons; on revient à l'escadron de 4 compagnies.

Le 28 janvier 1733. — On crée deux cornettes par escadron; à la fin de l'année, un par compagnie.

Le 8 janvier 1737. — Les compagnies sont réduites à 2 officiers et 25 cavaliers; deux cornettes par escadron.

Le 6 mars 1743. — *Dauphin* est augmenté d'un quatrième escadron; il a 16 compagnies de 35 maîtres.

Le 30 octobre 1748. — Le régiment est réduit à 12 compagnies de 30 maîtres formant 3 escadrons; les mestres de camp et lieutenants colonels n'ont plus de compagnie.

Le 15 mars 1748. — *Dauphin* passe une compagnie au régiment de Bezons et est réduit à 2 escadrons de 4 compagnies.

Le 1er décembre 1755. — Les compagnies sont portées à 40 maîtres; les cornettes sont rétablis dans toutes.

Le 1er novembre 1758. — Il est créé dans chaque compagnie, pour tenir les écritures, un fourrier qui prend rang entre les maréchaux des logis et les brigadiers.

Le 1er décembre 1761. — Le régiment *Dauphin-Étranger* est incorporé au régiment *Dauphin-Cavalerie* dont il forme les 3e et 4e escadrons; l'incorporation doit se faire au 1er janvier 1762. L'état-major est augmenté d'un 2e aide-major.

Le 21 décembre 1762. — *Dauphin* est formé à 8 compagnies, formant 4 escadrons de 2 compagnies. Chaque compagnie a 1 capitaine, 1 lieutenant, 1 sous-lieutenant, 4 maréchaux des logis, 1 fourrier, 8 brigadiers, 8 carabiniers, 32 cavaliers, 1 trompette, formant 8 escouades, 4 subdivisions et 2 divisions. En temps de guerre, le roi doit fixer le nombre des cavaliers d'augmentation.

ÉTAT-MAJOR.

1 mestre de camp et 1 lieutenant-colonel ayant chacun une compagnie; 1 major, 2 aides-majors, 2 sous-aides-majors, 1 trésorier, 1 quartier-maître, 4 porte-étendards et 1 timbalier; en temps de guerre, 1 aumônier et 1 chirurgien.

Le 1er août 1764. — Le trésorier est supprimé; ses fonctions sont remplies par le quartier-maître aidé des porte-étendards.

Le 1er avril 1765. — On met un capitaine-commandant dans les compagnies du mestre de camp et du lieutenant-colonel.

Le 27 avril 1772. — On revient à l'escadron de 4 compagnies. *Dauphin* a 12 compagnies formant 3 escadrons; les compagnies sont réduites; le mestre de camp et le lieutenant-colonel n'ont plus de compagnie; on crée à l'état-major un maréchal expert.

Le 25 mars 1776. — Paraît un règlement qui est un grand pas vers l'organisation actuelle. *Dauphin* a 4 escadrons de cavalerie, 1 escadron de chevau-légers et 1 escadron auxiliaire. Chaque escadron forme compagnie. Le mestre de camp et le lieutenant-colonel commandent chacun un escadron, les autres ont un capitaine-commandant.

Les cinq escadrons sont formés de : 1 capitaine-commandant, 1 capitaine en 2e, 1 lieutenant en premier, 1 lieutenant en 2e, 2 sous-lieutenants, 1 maréchal-des-logis chef, 1 fourrier, 8 brigadiers, 1 cadet gentilhomme, 152 maîtres, 2 trompettes, 1 frater, 1 maréchal. Chaque escadron forme 4 divisions. L'escadron auxiliaire pourvoira en temps de guerre au remplacement des hommes qui viendraient à manquer; il aura alors le cadre des autres escadrons et le nombre de cavaliers fixé par le roi. En temps de paix, il aura 1 officier, 2 maréchaux des logis et 6 brigadiers et sera stationné au lieu désigné pour le dépôt des recrues du régiment.

L'escadron de chevau-légers est formé des hommes les plus lestes et des chevaux les plus légers.

ÉTAT-MAJOR.

1 mestre de camp, 1 mestre de camp en second, 1 lieutenant-colonel, 1 major, 1 quartier-maître trésorier, 2 porte-étendards, 1 adjudant, 1 chirurgien-major, 1 aumônier, 1 maître maréchal, 1 maître sellier, 1 armurier.

Le nombre des cavaliers du pied de paix est fixé par le roi.

Le 29 janvier 1779. — L'escadron auxiliaire est supprimé. L'escadron de chevau-légers de *Dauphin* passe au 5e régiment de chevau-légers nouvellement créé. L'effectif de paix est de 404 hommes et 364 chevaux, sans les officiers.

Le 28 septembre 1779. — Le mestre de camp en second et le lieutenant-colonel n'ont plus de compagnie.

Le 22 mai 1781. — Les 2 premiers escadrons reçoivent un troisième sous-lieutenant sans appointements.

Le 1er septembre 1784. — L'effectif est porté à 444 hommes et 408 chevaux.

Le 25 juillet 1784. — L'escadron est modifié : il a 1 maréchal des logis chef, 4 maréchaux des logis, 1 fourrier, 8 brigadiers, 8 appointés, 2 trompettes, 80 cavaliers, dont 8 à pied. Sur le pied de guerre, 3 trompettes et 144 cavaliers, dont 12 à pied, et 1 maréchal. Chaque escadron a 1 capitaine et 1 sous-lieutenant de remplacement; il forme pour le service intérieur 8 escouades, 4 subdivisions et 2 divisions, et pour les manœuvres, 4 pelotons Le plus ancien trompette du régiment a le grade d'appointé. L'état-major a 4 porte-étendards et 2 adjudants.

Le 17 mars 1788. — Le régiment n'a plus que 3 escadrons de 2 compagnies. Il y a un pied de paix et un pied de guerre.

ÉTAT-MAJOR.

1 colonel, 1 lieutenant-colonel, 1 major, 1 major en second, 1 quartier-maître trésorier, 2 adjudants, 1 chirurgien-major et 1 aumônier non montés, 1 premier trompette, 1 maître maréchal et 4 maîtres ouvriers non montés (sellier, armurier, tailleur et bottier). Les maîtres maréchal, sellier et tailleur ont rang de maréchaux des logis; le 1er trompette, les maîtres armurier et bottier ont rang de brigadiers.

Chaque escadron a : 1 chef d'escadron, 1 porte-étendard et 1 lieutenant surnuméraire. Sur le pied de paix, chaque compagnie a 1 capitaine, 1 lieutenant, 1 sous-lieutenant, 1 maréchal des logis chef, 2 maréchaux des logis, 4 brigadiers, 4 appointés, 1 trompette et 65 cavaliers dont 1 maréchal et 2 à pied. Chaque compagnie peut avoir un enfant de troupe. Chaque régiment a un capitaine de remplacement et chaque escadron un sous-lieutenant de remplacement.

Sur le pied de guerre, chaque compagnie est augmentée de 13 cavaliers. Ces hommes forment le dépôt, auquel on attache le cadre fixé par le roi, et qui fera le nombre de recrues fixé. Chaque escadron est désigné par son numéro et le nom de son chef.

Le 1ᵉʳ avril 1788. — Le régiment doit fabriquer le pain de munition et est augmenté de 1 maître boulanger (caporal) et 6 boulangers ne comptant dans aucune compagnie et payés sur la masse de boulangerie.

Uniformes — Étendards

Pendant le règne de Louis XV l'uniforme se régularise. Le 10 mars 1729, une ordonnance prescrit aux officiers le même uniforme que la troupe, en drap d'Elbeuf.

De 1724 à 1734 *Dauphin* portait l'habit bleu à boutons d'or et parements rouges, la veste chamois, l'équipage bleu à bordure aurore, le chapeau bordé d'or fin. Les armes restaient les mêmes ; tous les cavaliers portaient le plastron. De 1734 à 1739, le régiment a de plus les épaulettes aurore et le baudrier de buffle blanc.

De 1749 à 1761, il porte l'habit et la doublure bleus, les parements et les revers rouges, boutons blancs à feuille de persil, gilet chamois bordé de rouge, manteau gris-blanc ; équipage bleu à galon aurore.

Le 10 décembre 1762, une ordonnance prescrit à *Dauphin* : l'habit bleu avec collet, revers et doublure rouges, les boutons blancs avec le numéro 19. C'est la première fois que les numéros d'ordre apparaissent dans l'uniforme. Chapeau bordé de blanc.

Le 27 août 1767, nouveau changement : Habit bleu de roi avec les revers bleus brodés d'un galon blanc, le collet et les parements écarlates bordés d'un galon blanc ; doublure rouge, boutonnières blanches ; boutons blancs n° 19; 7 boutons au revers, 3 au-dessous avec agréments et houppes de fil blanc; chapeau bordé d'argent; manteau gris piqué de bleu; équipage aurore moucheté de bleu.

Le 31 mai 1776, *Dauphin* a le collet jonquille, les revers

et les parements rouges piqués de blanc; habit-veste bleu de roi doublé de blanc. Épaulettes lisérées de la couleur distinctive (rouge); veste et culotte en drap blanc. Chapeau bordé d'un galon noir avec cocarde blanche. L'épaulette apparaît pour les officiers.

Le 21 février 1779, les revers, les parements et la doublure sont gris argentin; l'habit à la française en drap bleu de roi; veste en drap chamois; culotte de peau couleur naturelle; manteau gris piqué bleu; col de basin blanc; gants de peau jaune; bottes; buffleteries blanches; chapeau, schabraque en peau de mouton.

Le 1er octobre 1786, *Dauphin* a la veste en drap blanc, la culotte de peau blanche; sur le chapeau, au-dessus de la cocarde, une houpe de laine : rouge pour le 1er escadron, bleu céleste pour le 2e, rose pour le 3e, souci pour le 4e, blanche pour l'état-major. Le plastron se porte sur la veste. Le porte-manteau apparaît dans le harnachement.

Les étendards de *Dauphin* subissent peu de modifications pendant les règnes de Louis XV et de Louis XVI. Les insignes sont toujours le soleil d'or et les dauphins et fleurs de lys, tantôt semés sur la soie bleue frangée d'or, tantôt placés aux quatre coins.

Le nombre des cornettes varie souvent :

en 1729, il y en a 2 par régiment;

en 1733, 2 par escadron, puis 1 par compagnie;

en 1735, *Dauphin* a 6 étendards;

en 1737, 2 pour les premières compagnies de chaque escadron;

en 1742, 1 par compagnie;

le 21 décembre 1762, 4 porte-étendards, 1 par escadron;

le 25 mars 1776, 2 seulement;

le 25 juillet 1784, 4 porte-étendards;

le 17 mars 1788, chaque escadron a un étendard à la couleur distinctive de l'escadron;

Le 22 octobre 1790, les étendards ont une cravate tricolore au lieu d'une blanche.

DEUXIÈME PARTIE

12ᴱ RÉGIMENT DE CAVALERIE

(1791-1803)

I

LES CAMPAGNES DE LA RÉVOLUTION

Le 1ᵉʳ janvier 1791, *Dauphin*, en prenant le nom de 12ᵉ *régiment de cavalerie*, était composé de 3 escadrons de 2 compagnies. Voici la liste de ses officiers :

Colonel : M. de Vassé, ✻, 3 juin 1779.
Lieutenant-colonel : M. de Launay de Vallerie, 11 octobre 1784.
Quartier-maître trésorier : M. Simon.

Capitaines : MM.
- de Bataille, 4 mai 1771
- de Raincourt, 7 avril 1773.
- Castel de Villemont, ✻, 31 mai 1776.
- de Gauville, ✻, 28 février 1778.
- de Ganay, 28 février 1778.
- de Salvignac, 28 février 1778.

Lieutenants : MM.
- Villaume, ✻.
- de Nayrod.
- de Boisdeffre, ✻.
- de Juigné.
- de Cazefort.
- d'Aires.

Sous-lieutenants : MM.
- de Busigny.
- Duvergé.
- Durand.
- Thierry.
- Colard.
- Blot.
- de la Bastide.
- de Sereys.
- Juste.
- de Courtomanche.
- de Gabriac.

Pendant toute l'année 1791, le 12ᵉ *de Cavalerie* est à Besançon ; le 25 juillet, son lieutenant-colonel, M. de Launay de Vallerie, succède à M. de Vassé au commandement du régiment. Le 1ᵉʳ septembre, il le quitte pour passer colonel au 10ᵉ chasseurs ; son remplaçant est le colonel de Tauzia de la Litterie, lieutenant-colonel au corps, nommé le 16 mai 1792.

En 1792, le 12ᵉ *de Cavalerie* est en garnison à Gray, puis à Vesoul ; c'est de là qu'il part, aux premiers mois de l'année, pour aller rejoindre l'armée du Rhin commandée par le maréchal Lückner.

CAMPAGNE DE 1792.

Ce n'est qu'au mois de juin que le 12ᵉ *de Cavalerie* entre en campagne ; le 5, il est au camp de Plobsheim, près de Strasbourg, dans la 5ᵉ division de l'armée du Rhin ; il a sous les armes 494 hommes, en trois escadrons ; le général de la Morlière commande l'armée par intérim.

Au mois d'août le régiment se transporte à Landau, et envoie, le 30, un détachement de 100 hommes à Haguenau.

12ᵉ RÉGIMENT DE CAVALERIE (1792).

Au mois de septembre, deux escadrons reviennent à Strasbourg; le 9, le 12ᵉ *de Cavalerie* compte 441 hommes, dont 312 disponibles; 411 chevaux, dont 277 disponibles. Pendant ces quelques mois, on s'est borné à observer l'ennemi sans prendre encore l'offensive.

Le régiment est passé dans le corps du général Custine, qui se prépare à marcher sur Spire. Le 20 septembre, la cavalerie se met en route avec quatre jours d'avoine;

le 28, l'opération est entamée. Le 30 septembre, Spire est enlevé après un vigoureux combat.

Le 1ᵉʳ octobre, l'armée de Custine, formant la gauche de l'armée du Rhin, prend le nom d'armée des Vosges; elle quitte Spire le 16 au soir, le 17, elle est à Worms, le 18, la cavalerie s'empare d'Oppenheim; le 19, elle est sous Mayence qui capitule le 21. Custine pousse ses avant-postes jusqu'en avant de Francfort.

Cependant les Prussiens, ayant reçu des renforts, commencent à serrer nos troupes restées stationnaires. Le 7 novembre a lieu un engagement près de Francfort, le premier où le 12ᵉ *de Cavalerie* ait l'occasion de se distinguer. Un de ses escadrons, avec un du 2ᵉ de cavalerie et 80 chevaux du 14ᵉ, sous les ordres du général van Helden, charge vigoureusement un bataillon carré ennemi, qui, malgré ses retranchements, est enfoncé, sabré et laisse entre nos mains 4 pièces de canon.

Malgré ce succès, il fallut bientôt rétrograder et laisser l'ennemi rentrer à Francfort. Deux escadrons du 12ᵉ *de Cavalerie* (306 hommes) revinrent le 1ᵉʳ décembre à Gunzenheim, où ils passèrent aux ordres du maréchal de camp La Farelle; le 3ᵉ escadron (82 hommes) resté à Haguenau suivit le général Biron dans sa marche sur Spire.

CAMPAGNE DE 1793.

Le 1ᵉʳ janvier 1793, deux escadrons du 12ᵉ *de Cavalerie* sont à Nierstein, près Mayence, à l'armée de Custine, avec le général La Farelle; le 3ᵉ escadron quitte bientôt l'armée des généraux Munnier et Biron pour venir rejoindre les autres.

Voici la situation au 15 février :

Les trois escadrons à { Gensingen, 150 hommes.
Yppesheim, 150 —
Biblesheim, 150 —

Le dépôt (42 hommes, 16 chevaux) à Haguenau.

Le régiment est attaché à la division de gauche commandée par le général Neuwinger.

Stromberg. — Le 27 mars 1793, le général Neuwinger eut ordre de pousser une reconnaissance jusqu'à Stromberg avec 4000 hommes. L'ennemi l'y attendait en force et occupait les hauteurs; après six heures de lutte il fallut battre en retraite; le 1ᵉʳ escadron du 12ᵉ, d'abord en première ligne, protégea, avec beaucoup de fermeté, la retraite de l'infanterie, qui avait un village à traverser; les hussards ennemis nous harcelaient sans cesse et firent même prisonnier le général Neuwinger; le régiment soutint plusieurs charges avec honneur et repassa la Nahe à gué derrière l'infanterie, perdant un capitaine et quelques cavaliers.

Alzey. — L'échec essuyé dans cette journée détermina Custine à se retirer sur les lignes de la Lutter. Le 30 mars, arrivé à hauteur d'Alzey, il fut vivement attaqué de flanc et en arrière par les Prussiens. Vers six heures du soir, une compagnie d'artillerie légère allait être prise par la cavalerie ennemie, lorsque le 12e *de Cavalerie* se lança à l'attaque ; il fut assez heureux pour dégager les pièces et

ramena vivement l'ennemi sur ses positions par deux charges vigoureuses.

Le 1er avril, le régiment, à Schleithal, comptait 27 officiers, 366 hommes et 354 chevaux. A cette même date, un quatrième escadron fut formé sur les trois existants.

Après un mois passé à se refaire, Custine voulut tenter un mouvement pour délivrer Mayence bloquée par les Prussiens. Le 16 mai, la brigade La Farelle, composée des 2e, 12e et 14e de cavalerie quitte ses cantonnements pour se rendre à Steinfeld. Le 17 mai elle est devant l'ennemi près de Rhinzabern.

Herxheim. — Le 12e *de Cavalerie* prend position sur les hauteurs d'Herxheim, sous le feu d'une batterie de quatre pièces, qui tirent sur lui à demi-portée; il essuie aussi le feu d'une redoute garnie d'infanterie, qui le fatigue beaucoup. Enfin, il a l'ordre d'attaquer; en un instant, l'ennemi est dispersé, les pièces prises et le régiment revient vers son infanterie en ramenant son beau trophée.

Un bataillon du Bas-Rhin, qui venait d'arriver sur le champ de bataille, marchait dans des seigles qui dépassaient la hauteur d'homme; il prend le régiment pour de la cavalerie ennemie et fait sur lui une décharge meurtrière de mousqueterie et de 2 pièces de campagne, qui y sème un affreux désordre. L'ennemi se rallie au même instant et profite de l'occasion pour charger le régiment, qui est forcé d'abandonner les pièces; par suite de cette déplorable méprise, le 12e *de Cavalerie* perd un officier, 45 hommes et 50 chevaux tués et plus encore de blessés et de prisonniers. Le 18 mai, il y a 17 hommes à l'hôpital de Landau et 33 prisonniers de guerre. Une pièce établie par le conseil d'administration du corps fait remarquer que toutes les blessures reçues en cette journée furent mortelles, car des hommes qui n'avaient qu'un doigt emporté ou une balle à la main moururent à l'hôpital, « soit que les balles fussent empoisonnées, ou que l'air de l'hôpital de Landau fut contraire à leur guérison ».

Le 23 mai, Custine est remplacé par le général Beauharnais, qui reprend le projet de débloquer Mayence. Le 2 juillet, la brigade La Farelle part pour Langenkandel, où elle cantonne; le 12e *de Cavalerie* a 372 hommes sous les armes et 272 au dépôt. Le 19 juillet, le mouvement commence; la brigade La Farelle est envoyée faire diversion sur Herxheim pour couvrir la droite de l'armée; mais Beauharnais est arrêté par la capitulation de Mayence et rentre dans les lignes de Wissembourg, en soutenant, le 25 et le 27, deux vigoureux combats. Le 12e n'eut pas l'occasion d'y donner, mais il mérita des éloges pour sa ferme contenance sous le feu de l'artillerie ennemie et l'intelligence de ses manœuvres.

Le 3 août, Beauharnais, dégoûté de la situation faite aux généraux, donne sa démission. Il est remplacé par le général Landremont que les représentants du peuple font bientôt arrêter. Le général Carlenc lui succède et trouve l'armée complètement désorganisée.

Le 13 octobre, ses avant-postes sont surpris et les lignes de Wissembourg emportées par l'ennemi. Le 12e soutient à l'arrière-garde la retraite de Scheide à Wissembourg; il résiste vigoureusement à plusieurs charges et ne perd que peu de monde.

Brumpt. — Le 18 octobre la retraite se continue sur Strasbourg; l'armée prend position sur les hauteurs de Brumpt, le long de la Zorn. Vers dix heures, l'ennemi attaque sur tout le front et parvient à nous enlever 6 pièces de canon; le 12e *de Cavalerie* a la gloire de les reprendre à la suite de deux charges vigoureuses, où il est soutenu par le 18e de cavalerie et le 17e de dragons.

On cite à l'ordre de l'armée un trait de courage d'un cavalier du 12e, nommé Antoine Mignon. Il tiraillait avec un de ses camarades sur les hauteurs de Brumpt, quand il est chargé par un peloton ennemi. La partie était inégale, et nos deux cavaliers se replient sur l'armée française. Tout à coup Mignon, se retournant, voit son camarade entouré d'une vingtaine de hussards autrichiens qui le font prisonnier; il attend que la plupart se soient dispersés, et lorsqu'il n'en reste plus que trois, il fond sur eux le sabre au poing, les met en fuite et ramène son camarade.

Dans une autre circonstance, le même Mignon délivre deux soldats entourés de 12 à 15 hussards ennemis, après avoir tué un de ces derniers et mis les autres en fuite. Plus tard, à la prise de Wissembourg, il fait encore 4 Autrichiens prisonniers.

Haguenau. — Le 31 octobre, nouveau combat devant

Haguenau, pendant la retraite de l'armée; l'ennemi avait mis en déroute un peloton du 2e hussards et pris les pièces qu'il protégeait. Le lieutenant Bourgetti, du 12° *de Cavalerie*, accourt avec 50 hommes, sabre et disperse tout ce qu'il rencontre et reprend une pièce de 8.

Gamsheim. — En novembre 1793, le régiment est divisé; il fournit un détachement pour l'escorte d'une compagnie d'artillerie légère destinée à défendre les approches de Saverne. Un escadron était à l'avant-garde et défendait le passage de la Zorn en avant de Geidersheim; les deux autres étaient près de Gamsheim; ils chargent, le 2 novembre avec beaucoup de succès les dragons de Latour; l'adjudant Finabre est tué par un boulet de canon à cette journée.

Cependant la position devenait de plus en plus intolérable pour les généraux et les chefs de corps, espionnés par les représentants du peuple Saint-Just et Lebas, et exposés aux dénonciations les plus infâmes. Le général Carlenc, destitué et arrêté, est remplacé le 29 octobre par le général Pichegru. Le 3 novembre, le colonel Tauzia de la Litterie, dénoncé pour propos inciviques par un capitaine du régiment nommé Padox, est fusillé avec deux de ses capitaines. (Son lâche délateur fut destitué l'année suivante et mourut misérablement à Rambervillers). Le 4 novembre on nomme chef de brigade au 12° *de Cavalerie*, Jean-Baptiste Colart, chef d'escadrons au corps.

Le 15, le 12° *de Cavalerie* est à Hohenheim dans la brigade Legrand. Voici sa situation à cette date :

1 chef de brigade, remplaçant Tauzia mort;

2 chefs d'escadrons, dont un au dépôt;

8 capitaines, 1 prisonnier, 1 à Saverne;

8 lieutenants, 1 détaché, 1 à l'hôpital, 2 adjoints, 1 au dépôt;

16 sous-lieutenants, 1 à l'hôpital, 2 adjoints, 3 au dépôt;

659 sous-officiers et cavaliers, 267 au dépôt, 22 prisonniers; 2 en congé, 51 détachés, 22 au hôpitaux;

618 chevaux; 57 d'officiers, 248 au dépôt, 56 détachés, 33 malades, 1 mort.

Sous les ordres de Pichegru et de Hoche, l'armée reprit l'avantage; les lignes de Wissembourg tombèrent en notre pouvoir et l'ennemi fut poursuivi jusqu'au delà de Worms.

CAMPAGNE DE 1794.

Le 12ᵉ *de Cavalerie* est à Geidertheim, le 20 janvier, détaché à la 4ᵉ division commandée par le général Argoust. Le 27 janvier, il passa à la 3ᵉ division, général Delmas, dans la brigade Vachot. Au mois de mars, il dut fournir, malgré le mauvais état de ses chevaux, un détachement de 259 hommes, destiné à renforcer l'armée de l'Ouest; il ne resta plus à Heilgenstein, où le régiment cantonnait, que 17 officiers et 127 hommes. Le représentant du peuple Duroy se plaignit vivement de cet état de choses, auquel il attribuait les insuccès de l'armée du Rhin : « C'était, dit-il, pour la plupart, de vieux cavaliers qui étaient dans l'habitude de mépriser et de vaincre l'ennemi. S'il était possible, au moins, de nous faire revenir de l'armée de l'Ouest les détachements des 2ᵉ, 9ᵉ, 12ᵉ et 18ᵉ de cavalerie, cela me ferait le plus grand plaisir. Cela me mettrait en état de régler la comptabilité et de perfectionner l'organisation de ces quatre superbes régiments ».

Le détachement dut rentrer vers le milieu de mai, car nous trouvons à cette date 501 hommes du 12ᵉ *de Cavalerie* à Heilgenstein.

La Reehut. — Le 23 mai, l'ennemi, à la pointe du jour, attaque depuis le Rhin jusqu'au revers des Vosges, et force le passage de la Reehut, gardé par une brigade d'infanterie. Le régiment, cantonné à 6 lieues de là, arrive en ce moment, et se joint au 9ᵉ de cavalerie et à un escadron du 16ᵉ dragons, ce qui forme un ensemble de 700 chevaux.

L'artillerie ennemie, cependant, avait foudroyé la nôtre;

un bataillon des grenadiers de Ferdinand et deux escadrons de hussards étaient déjà en bataille après avoir passé le pont. Le général Desaix lance en avant sa cavalerie; l'ennemi la reçoit de tout son feu, à 40 pas, mais sans pouvoir la rompre; le carré est enfoncé de toutes parts, les hussards sabrés, et il ne se sauve de cette troupe que ceux qui parviennent à se jeter dans les marais. Ce beau combat ne coûtait au régiment que cinq hommes.

L'ennemi s'empara cependant bientôt des débouchés de Kaiserslautern et notre aile droite dut reculer sur la Queisch.

Schweigenheim. — Le 28 mai, le général Desaix pousse une forte reconnaissance jusque dans les environs de Spire; l'ennemi, de son côté, venait tâter notre position, et l'on se rencontre en avant de Schweigenheim. Une forte canonnade s'engage; le sous-lieutenant Wayble, du 12e *de Cavalerie*, qui escortait l'artillerie légère, a son cheval tué sous lui.

Le général Desaix se détermine à rentrer dans ses lignes; mais à peine arrivé sur les hauteurs, il aperçoit la plaine couverte de hussards ennemis qui vont s'emparer de Lingenfeld et nous couper la retraite sur Gemmersheim.

Le 12e *de Cavalerie* a l'ordre de balayer la plaine; il se porte rapidement en colonne de pelotons sur Lingenfeld par la grande route, fait un à gauche en bataille, et tombe sur les hussards qu'il renverse et poursuit sur la Petite Hollande. La retraite de 4 à 5000 hommes se trouvait assurée par cette vigoureuse manœuvre; le régiment n'avait que quelques blessés, au nombre desquels le capitaine Sellier.

Peu de temps après eut lieu une nouvelle tentative pour reprendre la position du Speierbach. Le 19 juin, il s'agissait de déloger l'ennemi des hauteurs de Schweigenheim; l'attaque commence à trois heures du matin.

Le régiment, chargé de protéger une compagnie d'artillerie légère, prend position devant les retranchements ennemis, à gauche de Schweigenheim ; l'infanterie devait tourner la position par les vignes. L'attaque échoue, et l'ennemi dirige tout son feu sur le 12ᵉ *de Cavalerie;* pendant que deux escadrons de hussards cherchent à le tourner pour s'emparer des pièces qu'il protège. Posté sur le flanc d'une colline, le régiment ne voit pas d'abord cette cavalerie qui file sur l'autre versant; ses tirailleurs heureusement l'aperçoivent à temps et donnent l'alarme. Le 12ᵉ *de Cavalerie* fait aussitôt un à gauche, prend l'ennemi de flanc et le culbute en majeure partie dans un fossé qui traversait la plaine entre Schweigenheim et Wingarten. L'artillerie est sauvée, et le régiment ramène beaucoup de chevaux et quelques hommes prisonniers.

spire — Le 1ᵉʳ juillet, nouvel engagement pour tâcher de reprendre Spire. Le général Desaix attaque à deux heures du matin. Vingt-cinq escadrons de cavalerie légère doivent tourner le camp ennemi, tandis que deux brigades d'infanterie attaquent de front. Les 12ᵉ et 9ᵉ de cavalerie appuient une compagnie d'artillerie légère en face des retranchements.

Malheureusement l'ennemi évente ce projet ; la cavalerie légère et l'infanterie sont vivement ramenées, et l'artillerie, postée en rase campagne, est presque toute démontée. Le 9ᵉ de cavalerie doit bientôt se retirer dans un fond vers la droite, tandis que le 12ᵉ, resté inébranlable, soutient son artillerie jusqu'à 2 heures du soir. Alors seulement il se retire, après avoir perdu un capitaine, 60 hommes et autant de chevaux, non compris les blessés. Son attitude énergique lui vaut, à l'ordre du jour, les éloges du général Desaix.

Il faut citer, aux deux journées du 19 juin et du 1ᵉʳ juillet le maréchal des logis chef Deliteau ; à la première affaire, il charge seul deux hussards autrichiens qui emmenaient un cavalier du 9ᵉ et le délivre ; à la seconde il a un cheval tué sous lui. Il est nommé plus tard sous-lieutenant.

Le 12 juillet, l'armée parvient à déloger l'ennemi et le repousse en trois jours jusqu'au delà de Worms. Le 12ᵉ *de Cavalerie*, ne trouvant pas de résistance devant lui, s'est borné à suivre l'ennemi.

Les mois suivants, il y eut quelques expéditions de fourrageurs sur Oggersheim, Frankenwald, et dans les environs de Worms, pour tâter les positions et la force de l'ennemi. Le régiment fut presque constamment à l'arrière-garde et mérita toujours, au retour, les éloges du général Desaix pour sa conduite.

Le 22 septembre 1794, il est à la division Girardot; il a 527 hommes sous les armes, 107 aux hôpitaux et 194 au dépôt, en tout 837 hommes.

Au mois d'octobre, l'armée du Rhin fait sa jonction avec l'armée de la Moselle; le général Michaud reprend l'offensive, et entreprend le siège de Mayence et de la tête de pont de Mannheim. Le 12ᵉ *de Cavalerie*, dans la division Vachot, est employé au siège de ce dernier ouvrage, il se distingue dans une sortie que fait la cavalerie ennemie; le froid excessif interrompt bientôt les travaux du siège.

CAMPAGNE DE 1795.

Le 4 janvier 1795, le 12ᵉ *de Cavalerie* était ainsi réparti à l'armée du Rhin : Un escadron (2 officiers, 130 hommes) à Worms, détaché à la division Marchais chargée d'observer la rive du Rhin de Frankenthal à Oppenheim; deux escadrons (12 officiers, 247 hommes) à Seltz, à la division du Bas-Rhin, général Mengaud, brigade Reubler; un détachement de 13 hommes, à Neuholfen, à la division du Moyen Rhin, général Meynier; enfin le dépôt à Colmar (3 officiers, 218 hommes, 144 chevaux), dans la division du Haut-Rhin. En avril tout le régiment est réuni à Hatten, à la division du Bas-Rhin, général Bourcier, brigade Picart; il compte 4 escadrons, 22 officiers et 445 hommes présents.

12ᵉ RÉGIMENT DE CAVALERIE — 1793

12ᵉ RÉGIMENT DE CUIRASSIERS — 1803

12ᵉ RÉGIMENT DE CAVALERIE (1795).

Le 17 avril, Pichegru reprend le commandement de l'armée du Rhin. Au mois de juin il l'organise en 12 divisions, de Porentruy à Mayence. Le 12ᵉ *de Cavalerie* fait partie de la division de réserve de droite, commandée par le général Rivaud; il cantonne à Baltenheim jusqu'au mois d'octobre. Le 5 juillet 1795, le chef d'escadrons Ver-

reaux est nommé chef de brigade du 12ᵉ en remplacement du colonel Colart.

Le 4 octobre, le régiment part pour Mannheim, où il arrive le 12 pour prendre rang à la 5ᵉ division, général Beaupuy, brigade Joba. Il est placé à Hannofen (20 officiers, 302 hommes); au mois de novembre, il fait partie de la garnison de Mannheim avec les 9ᵉ et 18ᵉ de cavalerie. Il s'était déjà plusieurs fois battu près de Schwetringen et au-delà du Necker, lorsque l'ennemi parvint à dégager Mayence et à faire retirer précipitamment le corps de blocus.

Frankenthal. — Dans la nuit du 10 novembre le régiment part de Mannheim pour aller à la rencontre de l'ennemi et l'empêcher d'occuper Frankenthal; mais il était trop tard, la position était déjà prise. Le général Joba reçoit l'ordre de l'en déloger; il attaque le 11 vers 3 heures du soir.

Une demi-brigade remonte le canal pour s'emparer de la porte de droite; le 8e de hussards marche à la gauche. Le 12e *de Cavalerie* est au centre; il passe le pont de l'Isenach sous la mitraille et prend position derrière une brigade d'infanterie, qui est bientôt menacée d'une charge des hussards de Wurmser. Aussitôt le régiment fait un mouvement par son flanc gauche, et se met en bataille de façon à prendre les hussards à revers; il s'élance à la charge avec impétuosité, renverse cette cavalerie et la met en fuite; une seconde charge, exécutée l'instant d'après avec vigueur, achève de désorganiser l'ennemi, qui abandonne un moment sa position; un de nos bataillons, déjà coupé et enveloppé, est sauvé par ce brillant combat.

A la première charge, le capitaine Dubessy (blessé d'un éclat d'obus à la tête) et le lieutenant Lefetz ont leurs chevaux tués par la mitraille; le lieutenant Ebert est blessé aux deux bras. A la seconde charge, le chef de brigade Verreaux reçoit une balle à la main droite; le lieutenant Lamiral, emporté par son ardeur, pénètre à travers l'infanterie ennemie jusque dans la place et reçoit sur la tête un coup de sabre dont il meurt dans la suite. Le lieutenant Ebert, déjà deux fois blessé à la première charge, se couvre de gloire à la seconde. Entouré de dix hussards, il se défend vaillamment, leur prend un cheval, et revient avec cinq nouveaux coups de sabre dont deux vigoureux sur la tête. La journée nous coûtait 35 hommes et 20 chevaux.

Deux jours après, le 13 novembre, le combat reprend sur les mêmes positions; le régiment reste toute la journée sous le feu des canons sans fléchir un instant. Le chef d'escadrons Cottin est coupé en deux par un boulet et plusieurs officiers sont démontés. Le 12e *de Cavalerie* perd 25 à 30 hommes ce jour là et les jours suivants, en soutenant la retraite sur Mutterstadt et Spire.

CAMPAGNE DE 1796.

Le 12e *de Cavalerie* était à Rambervillers, attaché à la division Bourcier, lorsque, le 29 avril, le général Moreau vint prendre le commandement en chef de l'armée du Rhin. Un arrêté du Directoire, du 17 janvier, avait supprimé un escadron par régiment. Le 12e n'a donc plus que trois escadrons formant un effectif de 23 officiers et 507 hommes. La cavalerie est en grande pénurie de chevaux à ce moment, le régiment n'a pu en réunir que 192 au début de la campagne.

Le 10 avril, le chef de brigade Verreaux est destitué par arrêté du Directoire; il est remplacé, le 1er mai, par Jacques Belfort, chef de brigade au 18e de cavalerie ; (le colonel Verreaux fut réintégré par arrêté du Directoire du 21 juillet et placé à la suite du régiment).

Moreau se prépare à franchir le Rhin et assemble ses divisions le long du fleuve. Le 12e *de Cavalerie* (11 officiers, 179 hommes) est alors attaché à la 2e division, général Tuncq, établie de Neufbrisach à Strasbourg; ses compagnies sont réparties dans toute la division. Il reste dans cette position jusqu'au 28 juin.

Pendant ce temps Moreau a fait tenter le passage du Rhin en deux endroits; l'opération réussit le 24 juin, au-dessous de Kehl. Le 26, le camp de Vilstett est emporté, et Férino, marchant contre le corps de Condé, passe la Schutter et remonte la Kintzig pour gagner la route de Fribourg. Le 28, il s'empare d'Offenbourg, pendant que Desaix, victorieux à Renchen, tient un autre défilé de la forêt Noire.

L'armée est alors réorganisée et le 12ᵉ *de Cavalerie* (140 hommes) est affecté au corps de droite, Férino, 1ʳᵉ division, Delaborde, établie du Mont Terrible à Neufbrisach. Ce corps va servir de pivot à la conversion que Moreau fait pour se rabattre sur le Danube; il doit gagner la rive droite du Danube en traversant la forêt Noire au Val d'Enfer, et rejoindre l'armée à Ulm. Le 28 juin, ses reconnaissances s'étendent jusqu'au débouché des cols.

Le 14 juillet, Férino bat Staray à Ettenheim et le chasse de la Kintzig. Le 12ᵉ *de Cavalerie*, passant à la 2ᵉ division, Tholmé, a franchi le Rhin à Kehl et suit en réserve à Kenzingen. Tout le corps franchit la forêt Noire et s'avance, la droite au lac de Constance et la gauche au Danube. La réserve (12ᵉ, 18ᵉ, 21ᵉ de cavalerie, 4ᵉ dragons, 8ᵉ hussards) suit la gauche par Willingen et Mœskirck; le 7 août, la division Tholmé est à Biberach poussant des reconnaissances vers Ulm; elle continue à marcher sur Memmingen. Le 11 août, pendant que Moreau est victorieux à Neresheim, Férino bat à Mindelheim le corps de Condé. Moreau passe le Danube le 19 août et le Lech le 24; il donne la main au corps de Férino, et attaque le camp de Friedberg.

Friedberg. — Férino attaque près de Hamstetten, s'empare de Kussing et des hauteurs de Mœringen; sa cavalerie (4ᵉ dragons, 8ᵉ hussards, 11ᵉ et 12ᵉ *de Cavalerie*) s'avance à travers la plaine entre le Lech et la Paar; le camp de Friedberg, tourné, est bientôt enlevé et l'ennemi se retire, laissant dans nos mains 17 canons, 2 drapeaux et 2000 prisonniers. Moreau se dirige alors sur l'Iser, dont il veut forcer les passages.

La brigade dont le 12ᵉ *de Cavalerie* fait partie est arrivée à Pfaffenhofen le 27 août; elle est dirigée de là sur Nachau, puis remonte l'Iser sur Freising et Moosburg. Le 7 septembre, le pont de Moosburg est enlevé; Moreau victorieux va continuer sa route sur Vienne lorsqu'il apprend la défaite et la retraite précipitée de Jourdan; son flanc gauche est découvert, il ne lui reste plus qu'à reculer et à regagner en toute hâte les passages de la forêt Noire.

Le 10 septembre la retraite est ordonnée. La brigade du 12ᵉ *de Cavalerie* recule le 11 sur la Glan à gauche de Nachau, le 13 derrière la Paar, à Friberg, où elle prend position sur la route d'Augsbourg à Munich, puis, sous les ordres du général Montrichard, le 12ᵉ *de Cavalerie* est dirigé sur Rain et Ulm. Le corps Montrichard s'établit en avant

de cette place où il doit résister à tout prix pour empêcher l'armée entière d'être assaillie sur son flanc et coupée de ses communications, mission périlleuse dont la cavalerie réussit à s'acquitter avec un plein succès et un entier dévouement.

A la fin de septembre 1796, le 12ᵉ *de Cavalerie* est replacé à la réserve de cavalerie aux ordres du général Bourcier.

Biberach. — Le 3 octobre il prend une glorieuse part à la bataille de Biberach, où il fournit plusieurs charges contre la cavalerie ennemie. Moreau pressé de trop près, s'est retourné et a infligé une sanglante défaite aux Impériaux, qui laissent entre nos mains 5000 prisonniers (dont 65 officiers), 18 canons et 2 drapeaux.

Mulheim. — Quelques jours plus tard, le 7 octobre, le 12ᵉ *de Cavalerie* se distingue de nouveau à Mulheim, où la réserve de cavalerie est vivement attaquée... « le colonel Belfort, à la tête de son régiment, charge l'ennemi, le force à la retraite, s'empare de la ville de Mulheim, et, gardant cette position, protège la retraite de la réserve » (États de service de Belfort).

Enfin, le 12 octobre, le 12ᵉ, réduit à 164 hommes, est à Neustadt, à l'entrée du Val d'Enfer, par où il se retire. A la fin du mois, il repasse en Alsace et il s'établit à Saverne dans la situation suivante : division Bourcier, brigade Forest; 3 escadrons, 18 officiers, 258 hommes. Absents : 6 officiers, 5 prisonniers, 82 hommes à l'hôpital, 182 au dépôt à Liège. (Effectif : 24 officiers, 508 hommes, 363 chevaux.) La division est placée en arrière de l'armée dans les endroits où il y a du fourrage.

A la fin de janvier 1797 la division va prendre des cantonnements sur la Sarre; en février, le 12ᵉ est à Herbiczheim et son dépôt à Lunéville.

CAMPAGNE DE 1797.

En avril 1797, Moreau tente une nouvelle campagne; la réserve reçoit l'ordre suivant :

« La réserve partira le 18 avril de la Sarre pour aller « cantonner autour de Saverne. Le 20 avril elle se rendra « à Vegersheim et Hœrdt, d'où elle passera le Rhin.... »

Le 20 avril l'armée effectue le passage du Rhin en plein jour et en présence de l'ennemi. La réserve passe le 21 à 2 heures du matin et s'établit sur la rive droite du fleuve. L'ennemi avait été repoussé par les premières troupes passées.

Le 12ᵉ *de Cavalerie* prend part à la poursuite qui est poussée jusqu'à Offenbourg.

Le 22 avril, la réserve a l'ordre de marcher au pied des montagnes; elle prend position sur la Renchen en envoyant un corps au Kniebis. Mais l'armistice conclu en

Italie par Bonaparte arrête la marche de Moreau, et les hostilités sont suspendues. La réserve revient aux environs de Nancy, et le 12ᵉ *de Cavalerie* prend ses cantonnements à Dommartin. Le dépôt est à Lunéville; situation au 19 juin :

Escadrons de guerre.

Officiers présents : 1 chef de brigade, 2 chefs d'escadrons, 6 capitaines, 5 lieutenants, 5 sous-lieutenants.
Absents : 1 officier à l'hôpital, 1 en congé.

Troupe.

Présents : 2 adjudants, 4 maréchaux des logis chefs, 17 maréchaux des logis, 22 brigadiers, 2 musiciens, 197 cavaliers, 5 trompettes.
Absents : 57 à l'hôpital, 5 en congé, 4 prisonniers de guerre, 1 en prison.
Chevaux : 48 d'officiers, 190 de troupe.

Dépôt.

1 Capitaine, 1 lieutenant, 2 sous-lieutenants, 1 chef, 3 maréchaux des logis, 1 brigadier, 88 cavaliers, 2 trompettes, 5 chevaux.

Effectif :

Officiers : 26. — Troupe : 465.

Au 21 novembre 1797, le 12ᵉ compte à l'armée d'Allemagne, général Augereau, en réserve à Toul, brigade Forest.

En 1799, le 8 juillet, le 12ᵉ *de Cavalerie*, fort de 279 hommes, doit passer à l'armée du Danube (général Masséna); mais il est retenu à l'armée du Rhin (général Müller) et s'établit à Brumpt. Le 18 août il est à Schifferstadt (division Delaborde), près du Necker. Au mois de septembre, il est à Mannheim (206 hommes, 295 chevaux). Il passe à la 1ʳᵉ division territoriale (général Dufour), puis à la division de réserve de cavalerie d'Hautpoul, à Niederulm (12 octobre).

Philipsbourg. — Au 23 octobre 1799, le 12ᵉ *de Cavalerie* repasse à la 1ʳᵉ division, commandée par le général

Laborde, il a sous les armes 15 officiers, 331 hommes et 363 chevaux; il lui manque 7 officiers et 203 hommes absents ou détachés. La division Laborde est employée au blocus de Philipsbourg.

Le 15 novembre, dans une attaque faite pour repousser l'ennemi dans la place, le 12ᵉ *de Cavalerie* s'illustre par une brillante charge contre l'infanterie; il prend 400 hommes, 3 canons et 6 caissons attelés; ce beau succès ne lui coûte qu'un seul homme.

CAMPAGNE DE 1800.

En 1800, le 12ᵉ *de Cavalerie* suit le général Moreau dans sa célèbre campagne. Il fait d'abord partie de la division Baraguey d'Hilliers, au corps du centre, commandé par le général Saint-Cyr.

Le 25 avril, il débouche de Brisach et occupe Fribourg, puis Stühlingen.

Engen. — Le 3 mai, les corps de Moreau et de Saint-Cyr rencontrent à Engen l'archiduc Ferdinand. La division Baraguey d'Hilliers est chargée de l'attaque de gauche du plateau d'Engen et l'emporte après un vigoureux combat. Le 12ᵉ *de Cavalerie*, placé en arrière de l'aile gauche, avec le 2ᵉ hussards, appuie le mouvement; le flanc gauche de la division est en danger d'être tourné par les hulans du 2ᵉ régiment, lorsque le 12ᵉ s'élance sur eux à la charge, les repousse avec perte et assure le champ de bataille à la division; le brigadier Morel se fait particulièrement remarquer dans ce combat.

A la nuit, le régiment fait encore une charge sur les tirailleurs ennemis et sur le même corps de hulans; il est aussi heureux que dans la matinée et ne perd, de toute la journée, que 6 hommes et 16 chevaux. Le lieutenant Lefetz attaque le premier, à la tête de son peloton, 3 pelotons de hulans qui protègent 3 pièces de canon, les disperse et les force d'abandonner les pièces au pouvoir des Français.

Le 5 mai, pendant la bataille de Mœskirk, le corps de Saint-Cyr se porte sur la ligne de retraite ennemie, sans combattre.

Le 9, il emporte, après un beau combat, la ville de Biberach; l'infanterie seule prend part à cette action. A la fin du mois, toute l'armée est entre Ulm et Augsbourg.

Le 4 juin, le général Grenier remplace le général Saint-Cyr au commandement du corps qui prend l'aile gauche. Le 12e *de Cavalerie*, à cette date, a 276 hommes sous les armes. Le 19 juin, pendant que l'armée passe le Danube, il fait une diversion sur Gunzbourg, avec la division Baraguey d'Hilliers.

L'armistice de Parsdorf, le 15 juillet, arrête la marche victorieuse de l'armée. Le 12e *de Cavalerie* passe bientôt après à la division Legrand, qui est cantonnée à Landshut, à la gauche de l'armée.

Les hostilités reprennent du 27 au 28 novembre; le corps Grenier, trop avancé sur la route de Kirchbrunn, a ordre de reculer sur Hohenlinden, où il arrive le 2 décembre. L'ennemi le suivait de près et menaçait de couper la brigade du général Bontemps, à découvert sur un de ses flancs. Le 30 novembre, le 12e *de Cavalerie* soutint la retraite de cette brigade sur Dorfen, sous le feu des batteries d'un ennemi bien supérieur en nombre, et mérita des éloges pour sa fière contenance.

Hohenlinden. — Le 2 décembre 1800 se livre la bataille de Hohenlinden. Pendant que Richepanse et Ney écrasent le centre de l'ennemi, la division Legrand, placée au débouché de la forêt, résiste avec peine à la colonne de Kienmayer, qu'elle parvient enfin à contenir.

Dans la matinée, la cavalerie ennemie charge le 5e régiment de chasseurs, qui, forcé de céder au nombre, va être repoussé; le 12e *de Cavalerie* s'avance par un mouvement brillant et présente la charge à l'ennemi, qui, décontenancé par cette manœuvre, abandonne le champ de bataille.

Vers le soir, l'ennemi, ayant reçu des renforts, revient à la charge sur la cavalerie légère de la division, la repousse et lui prend même un obusier. La division Legrand va être coupée et le succès de la journée très compromis, lorsque le 12e *de Cavalerie* arrive à temps pour rétablir le combat. Le chef d'escadrons Christophe commande le régiment, en l'absence du chef de brigade malade, et vient de recevoir l'ordre de se porter à la gauche de la division. Il a déjà commencé son mouvement, lorsqu'il s'aperçoit du progrès de l'ennemi. De sa propre initiative, il fait faire une contre-marche au 12e *de Cavalerie*, le met en bataille et le lance à la charge; il reprend l'obusier enlevé par l'ennemi, dégage le 5e chasseurs et disperse un régiment de dragons autrichiens auquel il tue ou enlève 150 hommes. Le capitaine Lequay, chargeant à la tête de son escadron, prend à l'ennemi 4 pièces de canon et 9 chevaux. Le régiment ne perd que 3 hommes blessés grièvement et 5 chevaux.

Après cette victoire, le régiment suit le corps Grenier dans sa marche sur Vienne, par Trotsberg, Salzbourg, Ried, Linz et Saint-Pœlten, où il arrive le 23 décembre. Le 25, l'armistice de Steyer met fin aux hostilités.

Le 12e *de Cavalerie*, rentré en France, tient garnison à Metz pendant les années 1801 et 1802. Le 14 septembre 1802, le premier Consul accorde des sabres d'honneur au maréchal des logis chef Heim (Ignace dit Ebersheim) pour s'être emparé d'une pièce de canon et avoir fait un officier prisonnier, et au maréchal des logis Richardot pour avoir fait plusieurs prisonniers dans une charge à l'armée du Rhin, en 1800. Le 29 mai 1803, le maréchal des logis chef Courtot obtient aussi un sabre d'honneur pour avoir chargé résolument 200 hulans à la tête de 10 hommes et « les avoir taillés en pièces. »

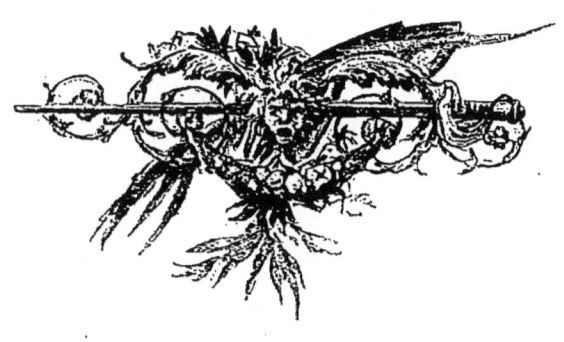

II

ORGANISATION

Le décret du 1ᵉʳ janvier 1791 porte que chacun des 24 régiments de cavalerie quittera son nom pour prendre un numéro. Chaque régiment est composé d'un état-major et de 3 escadrons à 2 compagnies.

ÉTAT-MAJOR.

1 colonel, 2 lieutenants-colonels, 1 quartier-maître trésorier, 1 chirurgien-major, 1 aumônier, 2 adjudants, 1 trompette-major, 1 maître maréchal, 5 maîtres : sellier, armurier, tailleur, bottier culottier.

Compagnie.

1 capitaine, 1 lieutenant, 2 sous-lieutenants, 1 maréchal des logis chef, 2 maréchaux des logis, 1 brigadier fourrier, 4 brigadiers, 4 appointés, 54 cavaliers, dont 4 à pied, et 1 trompette.

Les escadrons sont désignés par les numéros 1, 2, 3 et les compagnies par le nom de leurs capitaines. Les enfants de troupe sont supprimés. Chaque compagnie forme une division de l'escadron et est partagée en 2 subdivisions; la subdivision est partagée en 2 escouades. Le titre de bas-officier est remplacé par celui de sous-officier. Le maître maréchal, le maître tailleur et le maître sellier ont rang de maréchaux des logis. Les trois autres maîtres ont rang de brigadiers. Le trompette major a rang de maréchal des logis chef.

En conséquence *Dauphin-Cavalerie* perd son nom et devient 12ᵉ *régiment de cavalerie*.

Le 1ᵉʳ avril 1791. — Les régiments qui doivent se porter au pied de guerre auront le même cadre et, par compagnie, 72 cavaliers dont 4 à pied.

Le 6 mars 1792. — Chaque régiment fournit 6 hommes pour les carabiniers.

Le 15 mars 1792. — Chaque régiment fournira à l'armée ses deux premiers escadrons. Les compagnies marchent avec leurs cadres et 62 cavaliers montés; le 3ᵉ escadron reste comme dépôt. Le régiment a 2 chevaux de bât par compagnie et 2 pour l'état-major pour porter les ustensiles de campement; 1 chariot à 4 chevaux pour porter les effets de remplacement et une forge à 4 chevaux.

Le 21 février 1793. — Les lieutenants-colonels prennent le nom de chefs d'escadrons et les colonels celui de chefs de brigade. Tous les régiments de cavalerie sont mis à 4 escadrons. Chaque compagnie a 100 hommes, dont 10 à pied, mais provisoirement, l'escadron est de 170 hommes. Chacun des 3 escadrons fournit 36 cavaliers pour le noyau du 4ᵉ. Pour se compléter, les troupes à cheval pourront prendre des hommes dans l'infanterie et les bataillons de volontaires.

Le 10 janvier 1794. — Chacune des 8 compagnies aura 1 capitaine, 1 lieutenant, 1 sous-lieutenant, 1 maréchal des logis chef, 2 maréchaux des logis, 1 brigadier-fourrier, 4 brigadiers, 1 trompette, 74 cavaliers montés dont 1 maréchal.

ÉTAT-MAJOR.

1 chef de brigade, 2 chefs d'escadrons, 1 quartier-maître trésorier, 2 porte-étendard, 1 chirurgien-major, 1 aide-chirurgien, 1 artiste vétérinaire, 5 maîtres: sellier, armurier, tailleur, bottier, culottier.

Le complet du régiment est de 704 hommes; le plus ancien trompette fait fonction de trompette-major.

Les troupes à cheval des légions, les escadrons ou compagnies franches, seront incorporés, par escadron ou compagnie, pour porter les régiments au complet. Les officiers ou sous-officiers qui se trouveraient en plus du cadre resteront à la suite des corps et feront le service de leur grade en attendant qu'ils soient replacés; ils auront droit à une place sur deux.

Le 14 mai 1794. — Il sera formé, dans chaque escadron de troupes à cheval, un conseil d'administration éventuel formé du chef d'escadron, 1 officier, 1 sous-officier et 2 cavaliers. En l'absence du chef d'escadron, le plus ancien capitaine fera partie du conseil et le présidera. Les membres seront nommés pour six mois; on nommera 1 officier et 1 sous-officier suppléants. Ce conseil ne fonctionnera que lorsque l'escadron sera détaché à plus de 5 lieues de l'état-major.

Chaque régiment aura un conseil d'administration central composé du chef de brigade avec 3 officiers, 3 sous-officiers et 6 cavaliers dans les régiments à 6 escadrons; 2 officiers, 2 sous-officiers et 4 cavaliers dans les régiments à 4 escadrons.

Les officiers des conseils éventuels des trois premiers ou deux premiers escadrons seront membres du conseil central, ainsi que les sous-officiers des trois ou des deux derniers escadrons. Tous les six mois on alternera cet ordre. Le plus ancien cavalier de chaque conseil éventuel sera membre du conseil central; le quartier-maître trésorier sera secrétaire du conseil sans voix délibérative.

Si un escadron est détaché, les membres du conseil éventuel de cet escadron le suivront et choisiront parmi les suppléants un membre qui restera au conseil central. Si deux escadrons sont détachés ensemble, les deux conseils éventuels en formeront un seul, sous la présidence du chef d'escadrons. Le conseil éventuel en fonctions nommera un officier pour faire fonctions de quartier-maître trésorier. Le chef de brigade pourra venir présider un conseil éventuel et y aura voix délibérative. Le conseil éventuel rendra compte au conseil central, chargé de l'administration générale de tout le corps.

Le 29 juillet 1794. — Un décret fixe les règles d'administration pour toutes les troupes, la durée des effets (voir Uniformes) et la solde :

Le chef de brigade a 22 livres par jour de présence avec 3 rations de vivres et 4 de fourrages; 23 livres 10 sols par jour d'absence pour le service avec 4 rations de fourrages; 17 livres 10 sols, par jour à l'hôpital ;

Le capitaine a 9 livres 10 sols par jour avec 2 rations de vivres et 3 de fourrages; 10 livres 10 sols par jour d'absence pour le service avec 3 rations de fourrages; 7 livres 10 sols, par jour à l'hôpital ;

Le maréchal des logis : 1 livre 9 sols 6 deniers, 1 ration de vivres, 1 de fourrage; 2 livres 5 sols par jour d'absence pour le service; 8 sols à l'hôpital.

Le cavalier : 11 sols 6 deniers, 1 ration de vivres, 1 de fourrage; 1 livre 10 sols par jour d'absence pour le service; 3 sols à l'hôpital.

Le 31 octobre 1795. — Un arrêté du comité de salut public réduit à 18 le nombre des régiments de cavalerie, ayant chacun 4 escadrons de 2 compagnies.

Le 7 janvier 1796. — Un arrêté du Directoire maintient cette décision et donne à chaque régiment, en place du dépôt, une compagnie auxiliaire composée de : 1 capitaine, 1 lieutenant, 1 sous-lieutenant, les ouvriers et 30 cavaliers. Elle doit maintenir le corps au complet et n'existe qu'en temps de guerre. Les régiments de cavalerie en excédent doivent être incorporés dans ceux restants.

Le 16 janvier 1796. — Le Directoire maintient tous les régiments, mais les réduit à 3 escadrons de 2 compagnies.

Le 13 mars 1796. — Le Directoire suspend la création des compagnies auxiliaires et maintient les dépôts existants.

Le 11 septembre 1797. — Un décret forme le conseil d'administration de 7 membres : Le chef de brigade, 3 capitaines, 1 lieutenant, 1 sous-officier, 1 brigadier ou volontaire. Le quartier-maître trésorier est secrétaire; le conseil est formé chaque année et se réunit tous les décadis chez le chef de corps.

Le 29 novembre 1797. — Une circulaire du ministre de la guerre, général Schérer, rappelle la composition et l'administration d'un régiment; car dans la confusion des années précédentes on avait perdu l'ordre normal : régiment à 3 escadrons de 2 compagnies, 531 hommes et 524 chevaux, 2 étendards.

Le 8 octobre 1798. — Le Directoire prescrit que chaque régiment de cavalerie aura 3 escadrons de campagne, de 170 hommes et 164 chevaux chacun. Chaque régiment aura un dépôt formé de : 1 des chefs d'escadrons, le quartier-maître trésorier, le capitaine chargé de l'habillement, les maîtres ouvriers, 1 officier par escadron, 1 maréchal des logis, 1 brigadier et 2 hommes par compagnie. Ce dépôt recevra les infirmes, les convalescents, les réquisitionnaires, les conscrits, les chevaux de remonte, les chevaux malades ou éclopés, enfin les chevaux proposés pour la réforme, et que l'on emploiera pour l'instruction des recrues. On pourra placer au dépôt 6 officiers pris parmi ceux à la suite du corps.

Le conseil d'administration fera construire une guimbarde, pour porter aux escadrons de campagne les effets dont ils auront besoin et rapporter au dépôt les effets à réparer ou réformés. Cette voiture sera traînée par 6 chevaux et conduite par 2 hommes. Le conseil du corps sera aux escadrons de campagne.

Le dépôt aura un conseil composé du chef d'escadron, 2 officiers, 1 maréchal des logis et 1 cavalier; ce conseil surveillera la confection de l'habillement et du harnachement.

Le 9 septembre 1799. — Un décret maintient les régiments de cavalerie à 6 compagnies formant 3 escadrons.

ÉTAT-MAJOR.

1 Chef de brigade, 2 chefs d'escadrons, 2 Adjudants-majors,

12e RÉGIMENT DE CAVALERIE.

1 quartier-maître trésorier, 1 chirurgien-major, 2 adjoints, 1 vétérinaire, 5 maîtres (sellier, armurier, bottier, culottier, tailleur).

Compagnie.

1 capitaine, 1 lieutenant, 1 sous-lieutenant, 1 maréchal des logis chef, 2 maréchaux des logis, 1 fourrier, 4 brigadiers, 1 trompette, 74 cavaliers.

La solde annuelle du régiment est de 120019 livres 10 sols.

Le 10 octobre 1802. — La 1re compagnie de chaque régiment devient compagnie d'élite. L'effectif de paix est de 3 escadrons, 403 hommes.

Le 31 décembre 1802. — Les 19e, 20e, 21e, 22e de cavalerie seront supprimés et serviront à mettre à 4 escadrons les régiments de 9 à 18. Le 12e reçoit la 2e compagnie du 1er escadron du 20e, la 2e compagnie du 2e escadron du 22e.

Le 13 juin 1803. — Les régiments sont autorisés à envoyer à l'école vétérinaire de Lyon ou d'Alfort, pour y apprendre l'hippiatrique, 1 officier de 25 à 30 ans, ou un maréchal des logis proposé pour officier. Ces officiers ont la solde de présence avec un tiers en plus.

Uniformes — Étendards.

Le 1er janvier 1791. — Chaque escadron a l'étendard de la couleur distinctive de l'escadron. Cet étendard a une cravate tricolore et est porté par un maréchal des logis.

Le 1er avril 1791. — Le 12e de cavalerie a l'uniforme suivant : Habit bleu foncé; col, revers, doublures, galons jonquille; épaulettes en drap couleur de l'habit, cousues près de la manche, et boutonnées près du col (blanches pour officiers), boutons blancs n° 12; schabraque en peau de mouton blanche bordée d'un galon de 2 pouces à la couleur du régiment; la carabine à la botte, la giberne en sautoir.

Le 30 juin 1791. — Le premier étendard de chaque régiment sera tricolore et les deux autres aux couleurs affectées à l'uniforme du régiment. Tous auront la cravate tricolore et porteront d'un côté le numéro du régiment et de l'autre l'inscription : Discipline et obéissance à la loi. Les armoiries seront supprimées.

Le 15 janvier 1792. — La cavalerie prend la schabraque bleu de roi, bordée d'un galon blanc, avec le numéro du régiment aux angles.

Le 2 septembre 1792. — Le mousqueton est momentanément supprimé aux troupes à cheval, par suite du manque d'armes à feu.

Le 10 janvier 1794. — Chaque régiment a 2 étendards portés par les deux plus anciens maréchaux des logis chefs, nommés porte-étendard.

Le 20 juillet 1794. — Durée des effets d'habillement : Habit de drap, gilet de drap, gilet d'écurie, 30 mois; bonnet de police, 28 mois; surtout en drap, 24 mois; manteau, 6 ans; chapeau, 18 mois; pantalon de treillis, 12 mois; culotte de peau, 8 mois; ceinturon, giberne, porte-giberne, bretelle de mousqueton, 10 ans; porte-manteau, 6 ans; bottes, 3 ans; souliers, 8 mois; guêtres noires, 12 mois; gants à la crispin, 18 mois; linge, (chemise, col noir, bas de laine, bas de fil ou coton, 6 mois); selle complète, 8 ans; couverture et schabraque, 4 ans.

En 1799 l'uniforme de la cavalerie est : Habit bleu national avec parements, revers, collet, pattes de parements et lisières écarlates; boutons blancs au numéro du régiment; chapeau garni d'une ganse blanche, cocarde tricolore, plumet rouge, gilet et culotte blanche, harnachement bleu bordé d'un galon blanc. Le plastron n'a pas reparu depuis 1767, malgré les ordonnances pour le reprendre.

Le 25 décembre 1799. — Un arrêté des consuls institue les armes d'honneur, mousquetons, carabines et trompettes.

Le 19 mai 1802. — Bonaparte, premier consul, décrète la formation d'une Légion d'honneur, en 16 cohortes, où sont placés tous ceux qui ont obtenu des armes d'honneur.

TROISIÈME PARTIE
12ᴱ RÉGIMENT DE CUIRASSIERS

(1803-1815)

I

LES CAMPAGNES DU Iᵉʳ EMPIRE

E 24 septembre 1803, le 12ᵉ de Cavalerie est cuirassé et prend le nom de 12ᵉ *régiment de cuirassiers*; il continue sous ce nouveau titre sa glorieuse carrière. Cette même année, il tient garnison à Mayence, l'année suivante à Worms et Deux-Ponts. En 1805, il vient à Lille, à l'armée des côtes, et est placé à la première division de réserve de grosse cavalerie, aux ordres du général Nansouty. Il

forme, avec le 3e cuirassiers, la 3e brigade, commandée par le général Ferry, puis par le général Saint-Germain.

CAMPAGNE DE 1805.

Le 25 août, la division Nansouty reçoit l'ordre de se transporter sur le Rhin. Le 12e *Cuirassiers*, à l'effectif de 25 officiers et 479 hommes, arrive le 16 septembre à Pirmasens. La division Nansouty est attachée à la réserve de cavalerie, commandée par le prince Murat; le 20 septembre, elle passe le Rhin et se porte à Weiblingen, en avant d'Heidelberg.

Le 2 octobre, elle passe sous le commandement du général Davoust, Murat ayant reçu l'ordre de flanquer la marche avec le général Ney et 6000 dragons. Le même jour, le 12e *Cuirassiers* quitte Weiblingen et se dirige sur Donauverth, par Meckmühl, Bodenhoven, Alzenbach et Rhingen. Le 7 octobre, il est au bivouac à Felsheim, près du Danube.

Wertingen. — Le 8 octobre, la division Nansouty reprend sa place au corps de Murat, qui se met en route vers Susmarshausen. Celui-ci apprend en route que l'ennemi occupe Wertingen et va aussitôt l'attaquer. Les divisions de dragons Klein et Beaumont emportent le village après une vigoureuse résistance de l'ennemi, au prix des plus grands efforts. La division Nansouty reste toute la journée en présence de l'ennemi, toujours manœuvrant et soutenant tous les mouvements du corps d'armée; après la prise de Wertingen, elle s'établit en réserve, sur les hauteurs en avant du village.

Le 14 octobre, elle a l'ordre de se porter sur Elchingen, où elle assiste à la victoire du 15, sans être engagée; le 18, elle est à la poursuite du prince Ferdinand, qu'elle suit jusqu'à Nordlingen. Elle revient ensuite sur le Danube pour passer aux ordres du maréchal Lannes, qu'elle rejoint sur l'Isar, à Landshut, le 27 octobre. Le 1er novembre, elle est à Passau, le 4 à Linz, où elle repasse aux ordres de Murat. Cette marche rapide a été exécutée par un froid très vif, un temps affreux et des chemins détestables et couverts de neige.

Le 5 novembre, l'avant-garde de Murat pousse l'ennemi jusqu'à Amstetten, où un corps de 15 000 Russes a pris position avec Kutusoff; ils en sont délogés et la division Nansouty bivouaque le soir même à Hed, avec le quartier général. Le lendemain, Murat poursuit sa route, livrant chaque jour des combats d'avant-garde auxquels la division Nansouty ne prend pas part; ses étapes sont les suivantes :

Le 6 novembre à Closterdacken ; le 7 à Pochlarn ; le 8 à Losdorf; le 9 à Pœtenbrünn; le 10 à Coll; le 11 à Hadersdorf, Hüteldorf et Dornbach. Le 13, Murat fait son entrée à Vienne, passe le Danube et prend la route de Stokerau avec la division Nansouty. Le 15, le 12e *Cuirassiers* assiste à la bataille d'Hollabrünn, sans y être engagé; il passe à Graveska, à Mariahulf, à Schlapanitz et arrive le 22 à Alt-Rausnitz. Il a beaucoup souffert de la marche; 214 hommes seulement sont présents et encore avec beaucoup de chevaux blessés; il est resté en arrière 231 hommes et 214 chevaux.

La division Nansouty reste sur cette position, en manœuvrant devant l'ennemi jusqu'au 2 décembre, où elle forme rideau en avant de Schlapanitz.

Austerlitz. — Le 2 décembre, à 6 heures du matin, la division Nansouty, en colonnes par escadrons, occupe la droite du corps de réserve, entre la route et le village de Girschikowitz. A 8 heures, les armées en viennent aux mains, et l'engagement devient bientôt général.

Murat appuie le mouvement de la division Caffarelli qui s'empare de Blakovitz; la cavalerie ennemie essaye en vain d'arrêter ses progrès, elle est toujours repoussée. Dans un dernier effort, elle se jetait encore sur Caffarelli pour dégager un bataillon autrichien, lorsque Murat porte en avant la division Nansouty. Les carabiniers et le 2ᵉ cuirassiers culbutent la 1ʳᵉ ligne ennemie; la seconde ligne donne à son tour, pour rétablir le combat, mais elle trouve devant elle les 3ᵉ, 9ᵉ et 12ᵉ *Cuirassiers* qui se lancent à l'attaque. Un furieux combat s'engage; trois fois nos régiments reviennent à la charge, et trois fois ils enfoncent l'ennemi, le dispersent et couvrent de morts le champ de bataille.

Ce brillant combat a coupé l'armée russe en deux en la chassant des hauteurs d'Holuwitz; 8 pièces de canon sont en nos mains et le corps ennemi à gauche de la route est en pleine déroute.

Le 12ᵉ *Cuirassiers* a un officier blessé (le lieutenant Vezin, mort le 11 décembre des suites de ses blessures), 3 hommes tués, 4 chevaux d'officiers et 11 de troupe tués; le général Nansouty fait l'éloge de tous les colonels de sa division.

Le lendemain, le régiment part à la poursuite de l'armée russe; le 4, il est à Kremsir, où il fait quelques prisonniers. Le 6, la cavalerie est ramenée en arrière et la division Nansouty dirigée sur Laxembourg, où elle arrive le 13. Le 12ᵉ *Cuirassiers* est cantonné à Vollendorf; il a en ligne 17 officiers, 256 hommes et 176 chevaux. Absents : 207 hommes détachés ou en arrière, 18 à l'hôpital, 1 prisonnier de guerre.

Le 22 décembre, la division Nansouty est passée en revue par l'Empereur; il témoigne sa satisfaction « du bon état de ces braves régiments qui lui ont donné tant de preuves de courage pendant la campagne ». Il leur fait distribuer des mousquetons fournis par l'arsenal de Vienne.

Le 23, la division part pour Lintz, où elle arrive le 1ᵉʳ janvier 1806. Le 24, le colonel Belfort est nommé général de brigade pour être employé en qualité de commandant d'armes de 3ᵉ classe; il est remplacé, le 27 décembre, par le colonel Dornès, major au 1ᵉʳ cuirassiers.

Le 6 janvier 1806, la division se dirige sur Eichstædt

par Scharding, Braunau, Straubing et Ingolstadt; elle arrive à destination le 2 février et cantonne entre la Wernitz et l'Altmühl. Le 12ᵉ *Cuirassiers* est à Dollensteig jusqu'au 22 février; le 23, la division se porte plus au nord et cantonne à Leutershausen du 27 février jusqu'au 21 juillet; le 12ᵉ passe tout ce temps à Ussenheim. Voici sa situation au 15 avril :

État-major.	Ussenheim,	7 officiers,		3 hommes.
1ᵉʳ *escadron*.	Emershofen,	3	—	99 —
2ᵉ —	Ergersheim,	5	—	105 —
3ᵉ —	Ussenheim,	3	—	101 —
4ᵉ —	Vellausen,	4	—	105 —
	Total.	22 officiers,		413 hommes.

Le 23 juillet, la division se transporte à Kitzingen, sur les bords du Mein, où elle reste jusqu'au 1ᵉʳ octobre. Le régiment cantonne à Grafenreinfeld et Hirfeld.

CAMPAGNE DE 1806.

Iéna. — Au moment de commencer la campagne de Prusse, la réserve de cavalerie se concentre entre Kronach et le Mein. Le 4 octobre, la division Nansouty est à Eltman près de Bamberg; le 14, elle arrive sur le champ de bataille d'Iéna, trop tard pour prendre part à l'action; elle bivouaque le soir près de Weimar, et se lance avec Murat à la poursuite des débris de l'armée prussienne.

Erfurth. — Le 15, Murat atteint à Erfurth un corps de 10 000 hommes d'infanterie et 3 régiments de cavalerie; il le charge avec sa cavalerie seule, le chasse de sa position et le rejette en désordre dans Erfurth, après lui avoir enlevé son artillerie, ses bagages, 7 drapeaux et 7 à 800 prisonniers.

Pendant que la division d'Hautpoul et une brigade de hussards cernent la ville, qui capitule le lendemain, la division Nansouty poursuit sa route après le combat et bivouaque le soir à Stuternheim, poussant des partis sur Weissensée. Le 17, elle est à Immenrode, le 18 à Infeld, le 19 à Westerhausen, d'où elle débouche dans les plaines de Magdebourg. Le 21, elle passe l'Elbe à Calbe et atteint Postdam le 24. L'armée prussienne fuyait devant nous dans un désordre épouvantable, les soldats jetaient leurs armes, les officiers se sauvaient. « Il faut, écrit Murat, faire tous les jours des marches de 10 lieues pour les atteindre et leur enlever quelque chose. »

A ce moment, la division Nansouty cesse de suivre la marche de Murat pour être dirigée sur la Vistule avec le 3ᵉ corps. Le 8 novembre, elle est à Francfort-sur-l'Oder, le 13 à Posen, le 18 à Konin. Le 30, Varsovie est occupée sans combat; la réserve y place son quartier général. Le 5 décembre, le 12ᵉ, fort de 22 officiers et 435 hommes, occupe Szymanow et les environs. Le 15 il est à Blonie. Le 22, toute la réserve passe la Vistule, sous le commandement de Nansouty (Murat était malade à Varsovie), suivant l'armée dans le mouvement en avant qui doit aboutir aux victoires de Golymin et Pultusk.

A part un engagement, le 24, au passage de la Souna, les cuirassiers Nansouty n'eurent rien à faire : « Les braves carabiniers et cuirassiers brûlaient d'en venir aux mains avec l'ennemi, mais les divisions de dragons qui marchaient en avant, ayant tout enfoncé, ne les ont pas mis dans le cas de fournir une charge. » (48ᵉ bulletin.)

CAMPAGNE DE 1807.

Dès le mois de janvier, la Russie reprend l'offensive et cherche à profiter de l'hiver pour venir attaquer nos cantonnements. La division Nansouty était établie à Rawa et aux environs; le 12ᵉ, à Suressy, avait sous les armes 22 officiers, 435 hommes et 486 chevaux.

12e RÉGIMENT DE CUIRASSIERS (1807).

Le 28 janvier, la division reçoit l'ordre de se concentrer à Varsovie, où Nansouty en passe la revue. Il l'emmène ensuite à marches forcées, par Serok et Pultusk, vers Heilsberg, mais ne peut arriver à temps pour prendre part à la victoire d'Eylau, remportée le 7 février; il cantonne d'abord en arrière de l'armée à Bischoffswerder, puis, sur l'annonce de l'approche de l'armée russe, il se rapproche d'Osterode.

Le 7 mars, le 12e *Cuirassiers* rejoint un corps de 6000 cavaliers, que Murat emmène sur Willemberg et Wartembourg, et revient ensuite près d'Osterode, à Reysembourg, où il cantonne jusqu'au 24. La division Nansouty prend ses quartiers définitifs à Fischau, où elle reste jusqu'au 5 juin; elle s'était admirablement comportée pendant cette dure campagne. Le 31 mars, l'Empereur accorde 4 aigles dans la Légion d'honneur aux officiers, et 4 aux sous-officiers et cavaliers de chacun des 6 régiments de la division.

Le 12e *Cuirassiers* profite de ce repos pour compléter son effectif avec des hommes et des chevaux fournis par l'armée de réserve et le grand dépôt de Postdam; dès le 15 avril il est prêt à rentrer en campagne avec 612 hommes et 566 chevaux.

Le 5 juin, le général russe Benningsen revient à l'attaque; ordre est donné de rassembler la réserve de cavalerie à Marienbourg.

Glottau. — Le 6, la division Nansouty rejoint l'empereur à Deppen et se porte le lendemain sur Guttstadt, à la suite de l'armée ennemie; son arrière-garde, forte de 10 000 cavaliers et 15 000 fantassins, prend position à Glottau, pour nous disputer le passage.

Murat la chasse de ses positions, et, l'attaquant avec 3 brigades légères et la division Nansouty, l'enfonce et la rejette en désordre sur Gustladt, où nous entrons le soir de vive force. La cavalerie de la garde russe avait particulièrement souffert de ce combat, qui nous laissait en outre un millier de prisonniers.

Le 10, les retranchements d'Heilsberg sont emportés, et l'armée se masse autour d'Eylau. Le 13, la division Nansouty a ordre de se tenir prête à tout événement et de se mettre à la disposition du duc de Montebello. Le lendemain se livre la fameuse bataille de Friedland.

Friedland. — Murat, détaché vers Kœnigsberg, avait laissé au général Grouchy le commandement de la réserve de cavalerie. Celui-ci, au commencement de la bataille n'avait à sa disposition qu'une brigade légère, 2 régiments de chevau-légers saxons et une division de dragons. Il appuie le mouvement du maréchal Lannes, qui arrête l'ennemi et s'établit solidement devant Posthenen.

La division Nansouty avait ordre de boucher la trouée existant entre Heinrichsdorf et les bois de la plaine de Friedland; elle commet là d'abord une grande faute; voyant paraître des forces ennemies et ignorant le premier avantage remporté par Lannes et Grouchy, elle abandonne sa position pour se replier à travers bois. Grouchy cependant arrivait pour la rejoindre; il la rattrape heureusement et la ramène à temps sur sa position, à 7 heures du matin. Honteux de sa méprise, Nansouty ne cherche qu'à prendre une éclatante revanche; l'occasion s'en offre bientôt.

La division de dragons française a enlevé Heinrichsdorf et la cavalerie russe accourt pour l'en déloger, mais la division de cuirassiers, Grouchy en tête, la charge furieusement, à plusieurs reprises, la culbute sur l'infanterie et ramène le tout pêle-mêle dans Friedland. Grouchy prend position en avant et à gauche d'Heinrichsdorf où il a l'ordre de se maintenir à tout prix. La situation devient très périlleuse; 60 et quelques escadrons russes soutenus par de l'infanterie s'assemblent en face de nous, pendant que 2000 Cosaques cherchent à nous tourner à gauche.

Grouchy, par une heureuse inspiration, tend un piège à cette masse de cavalerie; il feint la retraite pour l'attirer à lui, et embusque, en se retirant, la division de dragons en échelons à droite derrière le village. Les Russes se précipitent derrière lui à toutes jambes, ils se croient sûrs de la victoire, lorsque la division Nansouty fait subitement volte-face et les attaque de front pendant que les dragons se jettent sur leur flanc. L'ennemi bouleversé est rejeté en arrière ; il se reforme pour revenir à l'attaque et engage un terrible combat ; quinze charges se succèdent avec la rapidité de l'éclair, mais la victoire nous reste et les Russes, enfoncés et désorganisés, s'enfuient nous laissant maîtres d'Heinrichsdorff.

A ce moment Lannes, renforcé par les corps d'armée qu'amène l'Empereur, reprend l'offensive à notre droite ; Grouchy et Nansouty ne cessent de harceler les Russes et de charger leurs batteries, soutenant tout le jour, à force d'énergie et de courage, leur avantage contre des forces trois fois supérieures.

Enfin, à la nuit, pendant que Mortier, avec le 8ᵉ corps, aborde l'ennemi à la baïonnette, une dernière charge écrase définitivement la cavalerie russe ; Nansouty la poursuit l'épée dans les reins jusqu'à Kloschenen, où elle passe l'Alle à gué, abandonnant artillerie et caissons. La division bivouaque au bord de la rivière ; elle avait héroïquement réparé sa faute du matin et ajouté une belle page à sa glorieuse histoire.

Le 12ᵉ *Cuirassiers* avait tenu pendant la bataille un des postes les plus périlleux ; il eut 7 officiers tués : le chef d'escadrons Sellier, les capitaines Lefetz, Berlin, Ractmadoux, le lieutenant Mestre, les sous-lieutenants Courtot et Huchet. De nombreuses récompenses lui furent données par l'Empereur ; le colonel Dornès fut nommé le jour même officier de la Légion d'honneur, et peu après, baron de l'Empire, avec une dotation en Westphalie.

Le surlendemain de cette victoire, Murat venait reprendre à Vehlau le commandement de la réserve et, désolé d'avoir manqué la bataille de Friedland, il s'en vengeait en lançant ses cuirassiers, ses dragons et une grande partie de la cavalerie légère pendant trois jours à la poursuite de l'ennemi, qui eut grand'peine à repasser le Niémen à Tilsitt.

Le 22, un armistice est conclu entre la France et la Russie et la cavalerie envoyée dans les cantonnements. Le 12º *Cuirassiers* vient s'établir, le 28 juin, à Szinvillen et Gross-Plauern, où il reste jusqu'au 15 juillet. Voici sa situation au 30 juin :

Présents : 15 officiers, 338 hommes, 425 chevaux.
Détachés : 5 — 115 — 87 —
A l'hôpital : 3 — 58 —

Le 15 juillet, il quitte Szinvillen pour gagner en huit jours Neukirchen, dans l'île de Nogat, où il reste jusqu'au 16 septembre. De là il va cantonner à Labes, près de Drambourg, jusqu'au 6 décembre. La fièvre et la fatigue de la campagne tiennent 60 à 70 hommes à l'hôpital.

Le 6 décembre, la division Nansouty se remet en marche pour arriver le 18 à Wrietzen. Le 12º *Cuirassiers* s'établit à Zuilitz, puis à Furstenwald, près de Francfort-sur-l'Oder.

Pendant toute l'année 1808 le régiment reste auprès de Francfort-sur-l'Oder. Le 15 octobre, la Grande Armée est dissoute et se sépare en partie. Les troupes restant en Allemagne, prennent le nom d'armée du Rhin; la division Nansouty est envoyée en Hanovre. Le 12º *Cuirassiers* va cantonner à Hoya, où nous le trouvons, le 15 décembre, dans la situation suivante :

État-major et 1ᵉʳ escadron : 14 officiers, 208 hommes, 238 chevaux ; à l'hôpital : 6.

2ᵉ *escadron :* 5 officiers, 195 hommes, 213 chevaux ; détachés : 2 hommes, 1 cheval ; à l'hôpital : 5.

3ᵉ *escadron :* 5 officiers, 193 hommes, 211 chevaux ; détaché : 1 homme ; à l'hôpital : 4.

4ᵉ *escadron :* 6 officiers, 194 hommes, 216 chevaux ; à l'hôpital : 7.

Effectif : 845 hommes et 879 chevaux.

Pendant ce temps, 2 régiments provisoires de grosse cavalerie ont été formés en France. En novembre 1807, une compagnie du dépôt du 12ᵉ *Cuirassiers* est passée au 2ᵉ régiment provisoire, devenu 13ᵉ cuirassiers à la fin de 1808. Ce corps, commandé par le lieutenant-colonel Christophe, s'illustre en Espagne par des exploits légendaires.

CAMPAGNE DE 1809.

C'est au mois d'avril 1809 que le 12ᵉ *Cuirassiers* rentre en campagne contre l'Autriche; il est toujours dans la division Nansouty, et forme avec le 3ᵉ cuirassiers, la brigade commandée par le général Saint-Germain. La réserve de cavalerie est aux ordres du maréchal Bessières, duc d'Istrie, et se concentre au nord du Danube, pour secourir la Bavière.

Le 17 avril, la 2ᵉ brigade de cuirassiers est sur la rive gauche du Danube à Rauenhofen, poussant des reconnaissances sur Eckmühl, Pappenheim, Eichstædt, Kupfenberg et Kinting; les chevaux, qui ont marché sans cesse depuis un mois, sont très fatigués. Ce jour même, la division Nansouty a l'ordre de se porter sur Rain au grand pas ou au petit trot et d'y passer la tête de pont pour marcher le lendemain de bonne heure sur Augsbourg.

Nansouty arrête sa division entre Rain et Neubourg. Le 18, il a ordre de se porter sur Ingolstadt; il doit veiller à la sécurité de l'Empereur qui suit sa marche, et gagner au plus vite Ingolstadt s'il entend tirer le canon.

Le 21, il se porte sur Landshut avec 4 régiments à la suite du maréchal Lannes; la brigade Saint-Germain est restée en arrière aux ordres du duc de Dantzick (Lefèvre); elle rejoint la division le lendemain à Eckmühl. Le 22 avril 1809 est encore une grande journée pour le 12ᵉ *Cuirassiers* qui prend une belle part à la bataille d'Eckmühl.

Eckmühl. — La cavalerie française, forte de 74 escadrons, se portait avec le corps du maréchal Lannes au soutien du maréchal Davoust, engagé le premier. Les premières attaques de notre cavalerie légère ayant été repoussées, celle-ci vient se reformer à droite et à gauche des cuirassiers de Nansouty et de Saint-Sulpice, qui se déploient sur 2 régiments de front et 5 de profondeur, et se portent en avant au trot.

Cependant la cavalerie autrichienne essayait d'arrêter les progrès de notre infanterie; une brusque attaque de notre cavalerie légère la rejette en arrière en désordre. C'est alors qu'arrivent nos cuirassiers, vivement applaudis par tout le corps du maréchal Lannes; ils se précipitent sur l'ennemi au cri général de « *En avant!* » le culbutent et le chassent devant eux jusqu'à la route de Ratisbonne, où ils prennent position entre les deux corps français.

L'archiduc, en pleine déroute, réunit en avant d'Eglofsheim tout ce qui lui reste de cavalerie : 44 escadrons dont 12 de cuirassiers, appuyés par des batteries. Vers 7 heures du soir, Napoléon lance sur eux Nansouty et Saint-Sulpice; la division Nansouty se déploie en tête sur deux lignes, la première de 3 régiments, la seconde de 2, se suivant à un front d'escadron. A cent pas de l'ennemi, le régiment de carabiniers, placé au centre de la première ligne, s'arrête pour faire un feu de salve, puis met vivement le sabre à la main et charge en ligne avec les cuirassiers.

Malgré la bravoure des Autrichiens, 8 de nos escadrons font brèche dans leur ligne, et une mêlée terrible s'engage entre 90 escadrons. Protégés seulement par un plastron, les cuirassiers autrichiens ne peuvent résister aux nôtres, qui les percent par derrière de leurs grandes lattes; tout ce qui est à gauche de la route est précipité dans un marais, le reste prend la fuite dans un désordre épouvantable, laissant sur le champ de bataille 13 Autrichiens tués et 8 blessés pour 1 Français.

Nansouty poursuit sa marche sur Ratisbonne, il ren-

12ᵉ RÉGIMENT DE CUIRASSIERS (1809).

contre encore une colonne ennemie de 3 bataillons de 1500 hommes, la charge et la fait prisonnière; il ne s'arrête qu'à Grossmurs.

Le 23, à la pointe du jour, l'armée se porte sur Ratisbonne, les cuirassiers à l'avant-garde. La cavalerie du prince de Hohenlohe, forte de 8000 hommes, essayait de couvrir la ville. Nansouty et Saint-Sulpice la chargent à trois reprises, en font un affreux massacre, et la rejettent de l'autre côté du Danube. La division Nansouty avait fait 4000 prisonniers dans ces deux journées. Le 12ᵉ *Cuirassiers* avait seulement 1 homme et 37 chevaux tués; 3 officiers, 79 hommes et 42 chevaux blessés. (Les officiers blessés sont les lieutenants Lefelz, Dubusse et Gérard.)

La division reprend ensuite sa marche par Eckmühl, Neumark, Braunau, Wels, Ebersberg, Amstetten et Saint-Pœlten. Le 10 mai, elle arrive sous les murs de Vienne, soutenant l'avant-garde commandée par le duc de Montebello; le 12, la ville capitule. La division est envoyée au cantonnement à Laxembourg, le 12e *Cuirassiers* à Mœdlingen. Le 19, un pont est établi à Ebersdorff, les cuirassiers Nansouty doivent être prêts à passer le 20, à 8 heures du matin.

Essling. — Le 21 mai, le corps de Masséna, la cavalerie légère et la division Espagne avaient seuls franchi le fleuve lorsque la bataille commença ; la crue avait détruit une partie du pont, et c'est à 7 heures du soir seulement que le général Nansouty put arriver sur le champ de bataille avec la brigade Saint-Germain.

Déjà Bessières avait fait des prodiges avec les deux autres divisions de cavalerie, mais il pliait sous le nombre quand ce renfort lui arriva. Il retourna aussitôt à l'ennemi avec la brigade Saint-Germain, et, après plusieurs charges, parvint à contenir les attaques sur nos ailes. Le reste de la division passa les ponts pendant la nuit.

Le 22, la bataille recommence à 4 heures du matin ; Bessières et la réserve de cavalerie sont mis sous le commandement du maréchal Lannes, qui attaque entre l'aile gauche du prince de Hohenzollern et la droite de la cavalerie de Lichstenstein. Lannes s'avance en faisant tout reculer devant lui ; Bessières, placé en seconde ligne, fait sortir les cuirassiers de Nansouty par les intervalles des divisions, charge furieusement l'infanterie et la cavalerie autrichienne, les traverse après une mêlée sanglante et pousse jusqu'à Breitenlée.

Mais, à 8 heures du matin, il faut reculer, les ponts du Danube sont de nouveau rompus ; Lannes bat en retraite lentement, soutenu par la cavalerie de Bessières, auquel il ordonne de charger, non plus pour la victoire, mais pour le salut de l'armée. Les cuirassiers retournent au combat, renversent encore quelques parties de la ligne autrichienne, mais sont forcés de plier devant les bataillons du prince Charles. Ils rentrent à l'île Lobau dans la soirée, après des exploits devenus légendaires.

Le 24 mai, la division Nansouty est envoyée à Fischament; le 12ᵉ occupe Maudswerth; voici sa situation au 25 mai :

Présents :	33 officiers.	470 hommes.	457 chevaux
Détachés :	5 —	216 —	234 —
A l'hôpital :	» —	135 —	» —
Prisonniers :	» —	12 —	

Prêts à combattre : 30 officiers. 400 hommes. 430 chevaux.

Wagram. — Napoléon se prépare à franchir de nouveau le Danube; des ponts sont construits à l'est de l'île Lobau. Le passage commence le 4 juillet, à dix heures du soir; les cuirassiers ont l'ordre de se trouver à quatre heures du soir près d'Ebersdorf, pour déboucher le 5 à quatre heures du matin.

Le 5 juillet, à deux heures de l'après-midi, toute l'armée a franchi le Danube sur quatre ponts et s'avance en refoulant l'ennemi devant elle; les cuirassiers restent en seconde ligne, derrière le centre, vers Baumersdorf et ne sont pas engagés de la journée.

Le 6, le combat commence, à quatre heures du matin, par un mouvement offensif de Rosemberg sur notre droite. Napoléon se porte aussitôt avec la division Nansouty dans la direction de Neusiedel, pour soutenir le maréchal Davoust, qui refoule l'ennemi avec l'aide de l'artillerie de la division.

Vers neuf heures, elle revient prendre position au centre, en face d'Aderkla, où elle soutient les Saxons ébranlés. L'ennemi menaçait de nous couper du Danube, et le corps de Kollowrath, soutenu par la cavalerie de Lichstenstein, s'avançait entre Wagram et Aderkla. Le duc d'Istrie a ordre de couvrir ce terrain en attendant l'arrivée de Mac-Donald.

La division Nansouty se porte en avant et défile devant Napoléon qui crie à chaque colonel de charger à fond et de pointer. Les six régiments se précipitent tête baissée sur les carrés autrichiens qui s'étendent entre Sussenbrünn et Aderkla et les renversent; en un instant le bataillon Georger est anéanti et une large trouée sépare les corps de Kollowrath et de Lichstenstein. Les cuirassiers restent, sabre au poing, devant les carrés autrichiens terrifiés, pendant que Bessières, faisant un à-droite, avec les carabiniers, tombe comme la foudre sur l'artillerie du prince de Lichstenstein, qui est sauvée par les régiments de Rosemberg et du prince héréditaire. Bessières va tenter une nouvelle charge, lorsque son cheval est tué par un boulet et entraîne son maître sous lui; Nansouty, le croyant mort, ramène en arrière sa division qui prend position sur le flanc de Mac-Donald.

A midi, celui-ci prend l'offensive et s'empare de Sussenbrünn, refoulant Kollowrath et Bellegarde. Vainement la cavalerie de Lichstenstein essaye d'arrêter nos colonnes; la division Nansouty charge de nouveau sur elle, la bouscule et la poursuit au delà de Sussenbrünn; mais, arrêtée à son tour par une pluie de mitraille, elle est forcée de reculer et vient se rallier derrière Mac-Donald.

Le 12ᵉ *Cuirassiers* avait donné dans toutes ces charges et perdu 3 officiers, 12 hommes et 112 chevaux, plus 13 prisonniers de guerre et 98 blessés. Officiers tués : les sous-lieutenants Crave et Froidefont; blessés : le lieutenant Lefelz, les sous-lieutenants Longuet et Perrotet.

Dès le lendemain, au point du jour, la division Nansouty est envoyée à la poursuite de l'ennemi; elle atteint à Kornneubourg un corps de 30 à 35 000 Autrichiens, qu'elle canonne et tient en échec. Le 11, elle arrive à Znaym avec l'Empereur, qui accorde à l'Autriche une suspension d'armes. Le 13, la division est dirigée sur Vienne à petites journées, et s'établit à Ebreichsdorf. Le 12ᵉ *Cuirassiers* cantonne le 15 à Neustadt avec 33 officiers, 441 hommes et 471 chevaux. Au mois d'avril il est à Fischau.

La campagne était terminée; l'Empereur distribue les récompenses si bien méritées par l'héroïsme de ses cuirassiers. Le 16 juillet, le général Saint-Germain est nommé

12ᵉ RÉGIMENT DE CUIRASSIERS (1812).

général de division; le 1ᵉʳ septembre, le colonel Dornès est nommé général de brigade et remplacé à la tête du 12ᵉ *Cuirassiers* par le colonel de Curnieux, adjudant-commandant, chef de l'état-major de la 2ᵉ division. C'est le général de Berkeim qui prend, le 16 octobre, le commandement de la brigade des 3ᵉ et 12ᵉ cuirassiers; enfin, au mois de décembre le général Bruyères remplace à la tête de sa division le général Nansouty. A cette époque, le 12ᵉ *Cuirassiers* est cantonné à Gmunden, Altmunster, Czonrad, Laarkirchen et Lendach. En décembre il est dirigé sur le Hanovre, où il passe les années 1810 et 1811, au corps d'observation de l'Elbe, sous les ordres du prince d'Eckmühl. Il est à Hanovre en 1810, à Celle en 1811, à Halberstadt en janvier 1812.

CAMPAGNE DE 1812.

En janvier 1812, Napoléon, décidé à employer la cavalerie par grandes masses, crée les corps de cavalerie.

Le 1ᵉʳ corps, aux ordres du général Nansouty, se compose de la 1ʳᵉ division de cavalerie légère, général Bruyères; de la 1ʳᵉ division de cuirassiers, général Saint-Germain, et de la 5ᵉ division de cuirassiers, général Valence. Cette dernière division est formée des 6ᵉ, 11ᵉ et 12ᵉ *cuirassiers*, et du 5ᵉ d'artillerie à cheval.

Au mois de mars le 12ᵉ *de Cuirassiers* est dirigé de Lauenbourg sur Writzen où il arrive le 13. Le 1ᵉʳ avril il est à Wulflazig, le 16 à Stargard, le 20 mai à Schlave; le 31 il marche sur Marienbourg. Au commencement de juin toute l'armée est concentrée sur la Vistule et la Passarge et prête à se porter en avant.

Le 23 juin, le 1ᵉʳ corps de cavalerie franchit le Niémen à Kowno et envoie de fortes reconnaissances en avant de lui. Le 28, il est aux environs de Wilna. Ce même jour, la division Valence est détachée pour passer momentanément sous les ordres du prince d'Eckmühl, chargé de tourner le corps de Bagration et de l'anéantir. Le 8 juillet, elle est à Minsk; le 20 elle atteint Mohilew, après une marche audacieuse à travers les marais.

Mohilew. — Le 23, les Russes attaquent le prince d'Eckmühl devant Mohilew; malgré son infériorité numérique, il repousse l'ennemi avec son infanterie seule, et lui inflige une sanglante défaite. La division Valence reste toute la journée en bataille devant l'ennemi; la nature du terrain et la vaillance de notre infanterie ne lui ont pas permis de prendre part au combat. Elle quitte Mohilew le 27 et remonte vers le nord pour rejoindre le reste de l'armée et le corps Nansouty le 13 août à Razasna. Elle suit dès lors la marche victorieuse de l'armée par Smolensk le 16 août, Viasma le 28, Ghjat le 31.

Le 1er septembre, les 3 divisions de cuirassiers suivent l'avant-garde sur la route de Gjhat, les chevaux de main derrière leurs brigades respectives. Le 4, le 1er corps de réserve se porte en avant sur la route de Moscou, les cuirassiers marchent à droite de la route. Le 5 septembre, on découvre l'armée russe fortifiée entre la Kologha et la Moskowa; en avant de sa gauche, entre deux bois, se trouve un mamelon couronné d'une redoute et défendu par 9 à 10 000 hommes.

Borodino. — L'Empereur ordonne au roi de Naples de passer la Kologha avec la division Compans et la cavalerie, pendant que Poniatowski tourne la position. En une heure, la redoute est enlevée avec ses canons, et l'ennemi, mis en fuite, laisse un tiers de son monde sur le terrain. Le 6, la cavalerie reste toute la journée au pied de la redoute prise la veille.

La Moskowa. — Le 7 septembre, le combat commence à six heures du matin; le corps de Nansouty marche à droite derrière le prince d'Eckmühl; devant lui se trouvent trois redoutes garnies d'artillerie. Les deux premières sont enlevées à huit heures du matin; restait celle de gauche, connue sous le nom de Grande Redoute et défendue par 21 pièces.

Déjà une charge de Nansouty avec la division Saint-Germain avait culbuté les restes du 8ᵉ corps russe et balayé la plaine jusqu'à Seminskoé. Vers trois heures, le roi de Naples lance en avant Caulaincourt avec le 2ᵉ corps de cavalerie qui prend en flanc le 7ᵉ corps russe, le bouscule et dépasse la Grande Redoute. Caulaincourt se rabat sur elle avec le 5ᵉ cuirassiers et y pénètre par la gorge ; en un moment les artilleurs sont sabrés, mais la mitraille oblige bientôt nos cuirassiers à se retirer et le général Caulaincourt est tué par un boulet. Le 5ᵉ cuirassiers était commandé par le colonel Christophe, l'ancien colonel en 2ᵉ du 12ᵉ *Cuirassiers*; l'Empereur le nomma le lendemain baron de la Redoute.

D'après le rapport du général russe Toll, le corps de Nansouty aurait pris part à cette charge.

Kutusoff lance alors sur notre centre une masse énorme d'infanterie soutenue par de la cavalerie ; mais cette colonne est arrêtée par le feu de 80 pièces de canon ; elle recule et le roi de Naples saisit l'occasion de lancer sur elle plus de 120 escadrons. La cavalerie de la garde russe est écrasée par nos cuirassiers, et l'ennemi, définitivement culbuté, n'a que le temps de se jeter dans les bois en retirant son artillerie.

Les 4 divisions de cuirassiers avaient perdu 1 général de division, 1 général de brigade, 2 colonels, 3 majors, 5 chefs d'escadrons, 53 officiers, 1124 cuirassiers. Au 12ᵉ *Cuirassiers*, le lieutenant Longuet est blessé d'un boulet à la tête, le lieutenant Lefelz a un cheval tué, le sous-lieutenant Fournier reçoit un éclat d'obus au front, le lieutenant de Rouot est blessé à la cuisse d'un boulet qui tue son cheval. Le général Saint-Germain remplace Nansouty blessé.

Le 8 septembre, la division poursuit l'ennemi vers Mojaïsk ; le 10, elle est à Koubinskoié. Le 14, elle traverse

Moscou et se porte sur la route de Kolomna avec le corps de Poniatowski. Du 19 au 28, elle marche sur Boritsoni et Podol; puis se porte sur la route de Kalouga, où elle prend position sur la Nara.

Le 29 septembre, les chevaux blessés sont envoyés au dépôt de Mojaïsk. Il restait environ 2000 cavaliers démontés. On les organise en 2 bataillons de 6 compagnies, l'un, de carabiniers et de cuirassiers, l'autre de chasseurs, hussards et chevau-légers; ce corps, bien armé, est destiné à faire la garnison du Kremlin, jusqu'à ce qu'on trouve des chevaux. On n'eut pas à se louer de sa conduite; le duc de Trévise s'en plaint : « Vingt fois ils ont failli faire sauter le château en allumant des feux partout, et en faisant des feux de file sur les corbeaux et les pigeons. Ils ne cessent de grogner et ne savent exécuter aucune consigne. »

Bérantina. — Le 18 octobre, au mépris d'une suspension d'armes, Kutusoff attaque, à Bérantina, l'avant-garde du roi de Naples, et bouscule la division Sébastiani. Mais il paye cher cette trahison; Murat accourt avec les cuirassiers et les carabiniers, enfonce la cavalerie russe dans 10 ou 12 charges et, se jetant sur la division Müller, il la renverse, lui tue son général et la massacre tout entière. Le 1er corps de cavalerie perd 128 hommes et a 58 blessés. Le lieutenant de Rouot, du 12e *Cuirassiers*, a un cheval tué sous lui.

A la fin d'octobre, la retraite commence; le 1er corps de cavalerie est le 1er novembre à Wiasma et le 9 à Smolensk. A partir de ce moment il est bien difficile de le suivre, car il n'existe plus d'états d'emplacement. Le 15 novembre le froid devient terrible; plus de 30 000 chevaux périssent en quelques jours. Le 18, on réunit à Liadoni les officiers encore montés pour en former 4 compagnies de 150 hommes, destinés à faire une garde à Napoléon; cet escadron sacré était commandé par Grouchy, sous les ordres du roi de Naples; les généraux servent de capitaines, les colonels de sous-officiers ; mais les chevaux meurent au bout de quelques jours.

Kokanov. — Le 21 novembre, tout ce qui reste du 12ᵉ *Cuirassiers* soutient un combat sanglant à Kokanov, près d'Orcha. Le colonel de Curnieu est blessé et fait prisonnier, avec les capitaines Renner, Cagnon et Kaltembacker, l'adjudant-major Lagay, le sous-lieutenant Ubelmann et le lieutenant de Rouot, blessé lui-même d'un coup de lance après avoir eu son cheval tué. De plus, les capitaines Derost et Sellier, et le sous-lieutenant Malherbe sont tués ; le capitaine Dijols et le sous-lieutenant Perrottet, blessés.

Le 28 novembre, pendant que les débris de l'armée franchissent à grand'peine la Bérézina, les derniers chevaux des divisions de cuirassiers s'unissent à la brigade Doumerc pour combattre à Stakow les troupes de la 18ᵉ division russe, qui nous barrait la route. Plus de 600 hommes sont sabrés et autant faits prisonniers par nos cuirassiers, terribles encore malgré leur misère et leur dépérissement. C'est le dernier combat de cavalerie de la retraite de Russie. A partir de ce moment, entièrement démontée, décimée chaque jour par le froid, la faim et la fatigue, notre malheureuse cavalerie se traîne à grand'peine sur les routes ; nous n'essayerons pas de dépeindre les souffrances de cette armée vaincue, non par l'ennemi, mais par les éléments. A Smorgoni, le 5 décembre, Napoléon quitte l'armée, dont il laisse le commandement au roi de Naples.

Aux premiers jours de décembre, toute la cavalerie démontée arrive à Wilna, malgré les ordres donnés, et dans la désorganisation la plus complète. Le 10 elle est à Kowno. Le 20 décembre, tout ce qui a pu atteindre Kœnigsberg est dirigé sur Elbing, où les derniers survivants du 1er corps de cavalerie finissent par s'assembler dans un état lamentable. Presque tous les hommes ont les pieds, les mains ou la figure gelés; ils meurent chaque jour par centaines. De là, le 12e *Cuirassiers* est envoyé à Francfort, où s'organise son dépôt sous les ordres du général Sébastiani, puis à Brunswick. Voici les pertes du régiment dans cette dernière période :

Le 23 novembre, les sous-lieutenants Lenormand de Flajac et Colinet, perdus.

Le 1er décembre, le chirurgien-major Cerveau, perdu.

Le 8 décembre, les sous-lieutenants Ghilini et Chardin, perdus.

Le 10 décembre, le chef d'escadrons Dambrun et le capitaine Besnard, morts à Kowno.

Le 1er janvier 1813, le lieutenant Lamiral, resté amputé à Elbing, avec les sous-lieutenants Fayols et Bussetti.

Le 5 janvier, le lieutenant Baptiste, mort à Elbing.

Le 16 janvier, le sous-lieutenant Dambrun amputé. Enfin le sous-lieutenant Vautrin resté à Kœnigsberg et le colonel de Curnieu, mort à Witepsk le 2 février 1813, en captivité.

Au 1er février 1813, le 12e *Cuirassiers* commandé par le chef d'escadrons Maugery comptait 13 officiers et 68 hommes, avec 8 chevaux d'officiers et 22 chevaux de troupe et avait au dépôt 4 officiers et 236 hommes. Le 10, après le départ des cadres, il reste à l'armée 2 compagnies du 12e *Cuirassiers*. Les officiers présents sont : 1 chef d'escadrons, 1 aide chirurgien, 1 sous-aide chirurgien; 2 capitaines, 3 lieutenants et 6 sous-lieutenants; 2 officiers sont à Hanovre et 2 à Berlin en remonte. La troupe compte 2 adjudants, 1 vaguemestre, 2 maîtres ouvriers, 1 brigadier trompette, 12 hommes montés et 56 à pied, en tout 74; 196 hommes sont en remonte à Hanovre, Berlin et Posen.

Il reste 6 chevaux d'officiers présents, 4 absents; 12 chevaux de troupe disponibles, 6 malades, 4 à réformer, 6 au dépôt.

En résumé, l'effectif du régiment est de 18 officiers et 270 hommes avec 10 chevaux d'officiers et 28 de troupe; c'est-à-dire, en officiers la moitié, et en hommes moins du tiers de son effectif au départ. (Présents au départ : 33 officiers, 953 hommes; 87 chevaux d'officiers, 929 de troupe.)

CAMPAGNE DE 1813.

Parti de Brunswick, où il s'est formé, le 1er corps de cavalerie, aux ordres du général Latour-Maubourg, est stationné à Gardelegen derrière l'Elbe le 1er avril, avec la 1re division de cuirassiers commandée par le général Bordesoulle. Le 12e en fait partie, dans la 2e brigade, formée des 9e, 11e et 12e *Cuirassiers*; son général, Quinette, est absent. L'unique escadron du régiment a 3 officiers et 62 hommes prêts à combattre. Il est commandé par le colonel Daudiès, ancien major au régiment, nommé le 29 mars 1813.

Le 2, des corps de cavalerie passent sur la rive droite de l'Elbe et reviennent le 6 sur la rive gauche après une affaire à Mœkern et Gomern. Le 15, la division est à Wilsleben et manœuvre sur la Saale pendant 15 jours. Le 13 mai, le régiment est à Dresde, où l'Empereur passe la revue du corps de cavalerie et « des beaux cuirassiers de Latour-Maubourg ». Le 15, le duc de Trévise part avec le 1er corps de cavalerie et atteint Bautzen le 19.

Le 20 mai et le 21, pendant la bataille de Bautzen, la division manœuvre devant l'ennemi et soutient le combat avec son artillerie qui contribue puissamment à la victoire.

Reichembach. — Le lendemain, on poursuit l'ennemi

en retraite, vers Gorlitz; celui-ci, nous croyant dépourvus de cavalerie, engage plusieurs divisions à Reichembach contre les lanciers du général Lefèvre-Desnouettes; Latour-Maubourg arrive à son soutien avec ses 14 000 chevaux et ses cuirassiers, et charge vigoureusement la cavalerie ennemie qui, surprise et culbutée, s'enfuit dans le plus grand désordre.

Kinorn. — Le 24, nouvel engagement à Kinorn où le sous-lieutenant Guasco, du 12e *Cuirassiers*, est blessé de 4 coups de lance.

Le 26, le capitaine Ducheylard est blessé d'une balle à la cuisse, pendant la marche du corps de Latour-Maubourg sur Goldberg, pour rejoindre le duc de Raguse.

Le 28, la division est à Sauer; le 12e *Cuirassiers* charge encore avec succès la cavalerie russe; le sous-lieutenant Doublet et le chef d'escadrons Mathis sont blessés dans cette affaire.

Le 1er juin, le 1er corps de cavalerie est à Obermoys; un armistice est signé, et on envoie Latour-Maubourg dans le cercle de Sagan. Le 12e *Cuirassiers* cantonne à Nieder Ubber, où il reçoit 49 hommes et 53 chevaux, venus du Hanovre avec les régiments de marche; il profite du repos pour exercer les hommes et les chevaux et réparer les objets de toutes sortes. Le général Bessières est mis à la tête de la 2e brigade de cuirassiers au mois de juillet. Au 1er août le régiment compte :

État-major : 6 officiers, 3 hommes, 22 chevaux d'officiers, 3 chevaux de troupe.

1re *compagnie* : 4 officiers, 74 hommes, 8 chevaux d'officiers, 65 chevaux de troupe.

6e *compagnie* : 4 officiers, 69 hommes, 8 chevaux d'officiers, 75 chevaux de troupe.

2e *compagnie* : 4 officiers, 69 hommes, 7 chevaux d'officiers, 65 chevaux de troupe.

7e *compagnie* : 4 officiers, 73 hommes, 7 chevaux d'officiers, 73 chevaux de troupe.

Total : 22 officiers, 288 hommes, 52 chevaux d'officiers, 281 chevaux de troupe.

L'armistice se termine le 17 août. Le général Latour-Maubourg a quitté Sagan le 14 avec les 1re et 3e divisions de cuirassiers et la 1re de cavalerie légère. Le 16, le corps est cantonné entre Rothembourg et Gorlitz. Le 17, la division Bordesoulle se porte en avant vers Naumbourg. Le 18, elle est établie avec Latour-Maubourg à Gross Rackwitz, sur la Bober. Le 19, le corps se porte sur Zittau et s'arrête à Heidersdorff; beaucoup de chevaux sont blessés et l'artillerie, mal attelée, retarde la marche. Le lendemain on bivouaque en arrière de Lauban.

Le 22, les divisions de cuirassiers sont à Plackwitz, d'où elles marchent sur Dresde; le 26, la division Bordesoulle est établie près de cette ville, à Fischbach, Seiligstadt et Armsdorf.

Dresde. — Pendant la nuit, l'Empereur prend ses dispositions pour la bataille du lendemain. La cavalerie de Latour-Maubourg est placée en réserve à l'aile droite, devant Friedrichstadt; elle doit attaquer avec le duc de Bellune la gauche de Giulay et de Klenau.

Le 27, au matin, le 1er corps de cavalerie et la division du général Teste débouchent de Friedrichstadt. Pendant que le général Teste attaque de front le corps de Giulay, le général Latour-Maubourg, qui forme l'extrême droite avec les divisions Doumerc et Bordesoulle, opère un changement de front sur sa gauche, l'aile droite en avant, pour s'opposer au grand mouvement que fait la division Metzko sur Preinitz dans le but de s'emparer de Friedrichstadt. Deux régiments de chasseurs italiens, le 14e hussards et un escadron de cuirassiers se jettent sur le flanc de l'ennemi, renversent son infanterie et sa cavalerie et le rejettent en désordre sur Cotta, jusqu'au pont de la Weisseritz.

Il est neuf heures et l'on prend position. L'Empereur ordonne d'attaquer dans la direction de Freyberg. La division Teste enlève le pont de la Weisseritz, et le 1er corps de cavalerie vient se former à droite du 2e corps sur les hauteurs du village de Trescherhauser. Toute la ligne se porte en avant, au milieu d'une canonnade terrible; les divisions du 2ᵉ corps emportent les premières positions, mais sont bientôt obligées de s'arrêter devant Burgstadt et Pussewitz; un vigoureux retour offensif de l'ennemi leur fait même perdre quelque terrain.

Le 1ᵉʳ corps de cavalerie, qui jusqu'alors avait marché à hauteur de l'infanterie, se trouve à ce moment en échelon sur elle; aussitôt le général Bordesoulle reçoit l'ordre de faire un changement de direction à gauche, et d'aller charger les masses d'infanterie qui se portent sur la division Dubreton. Nos cuirassiers tombent comme la foudre sur cet ennemi, qui leur oppose la résistance la plus opiniâtre; les triples rangs de baïonnettes sont rompus à coups de sabre, et en un instant deux bataillons carrés sont anéantis.

Pendant ce temps, la division Doumerc sabrait les batteries ennemies et enlevait 10 pièces de canon.

Le ralliement général sonne et toutes les lignes se reforment; de nouvelles masses ennemies apparaissent sur les hauteurs de Keselsdorf, il faut en finir avec elles. La division Doumerc retourne à l'attaque, suivie des brigades Bessières et Oudenarde; l'ennemi ne peut résister à ce nouveau choc, et tous ses carrés sont sabrés ou faits prisonniers. « 8000 hommes tués, 15 000 prisonniers, 12 canons et 12 drapeaux enlevés sont les glorieux trophées de la cavalerie française à la bataille de Dresde. »

Le 12ᵉ *Cuirassiers* avait bravement soutenu sa réputation. Le lieutenant Dubusse, blessé de deux coups de feu, avait continué à suivre le régiment. Le sous-lieutenant Doublet était blessé d'une balle au pied et le chef d'escadrons Mathis, qui conduisait le régiment, avait la poitrine traversée avec fracture de l'omoplate gauche. Le colonel Daudiès commandait la brigade et eut deux chevaux tués sous lui.

Le 28 août, la division Bordesoulle rencontre près de

Peterswitz un détachement ennemi qui se retire devant elle. Le 29, elle suit Murat qui s'empare des hauteurs de Likemberg et enlève 700 hommes à l'ennemi. Le 30, elle est à Olbernhau avec Latour-Maubourg, poussant des reconnaissances sur Seyssen, Catarinaberg et Marienberg; le lendemain, elle atteint Sayda et, le 1er septembre, Nassau.

Aux premiers jours de septembre, le 1er corps de cavalerie se porte sur Bautzen et Gorlitz, avec Murat et le 3e corps; mais, forcé à la retraite, il arrive le 8 à Dresde dans un état affreux; depuis le 14 août la cavalerie n'a pas eu de repos et n'a fait que des marches forcées. Le 13 septembre, la division Bordesoulle est à Grossenhain, où elle reste jusqu'au 25, poussant de nombreuses reconnaissances et veillant à la sécurité des convois de ravitaillement envoyés de Torgau à Dresde. Le 12e *Cuirassiers* n'avait plus que 22 officiers, 206 hommes et 201 chevaux.

A la fin du mois, les 2 divisions sont envoyées à Dahlen et Schilda. Au commencement d'octobre, le 1er corps de cavalerie a ordre de se réunir vers Leipsig; il manœuvre quelques jours autour de Duben et prend position le 15 à Lind-Nauendorf.

Wachau. — Le 16 octobre, la bataille commence à 9 heures du matin sous les murs de Leipsig. A 3 heures, l'Empereur, pour hâter l'issue du combat, ordonne une charge de cavalerie sur Wachau; Kellermann attaque par la droite, et le roi de Naples, suivi du corps de Latour-Maubourg, débouche par la gauche, se portant sur Gossa. La cavalerie de la garde russe et les cuirassiers autrichiens s'emparent de Dolitz, repoussent l'attaque de Kellermann et viennent caracoler autour des carrés du duc de Bellune.

Mais le roi de Naples et Latour-Maubourg renversent tout ce qu'ils rencontrent; le corps du prince de Wurtemberg est enfoncé et 26 pièces de canon enlevées; le centre de l'armée ennemie va être percé lorsque le général Latour-Maubourg tombe, une jambe emportée; une attaque des Cosaques de la garde force nos cuirassiers à se replier, ramenant 2 pièces de canon et quelques centaines d'hommes de la garde russe. Vers 5 heures, une autre attaque de la cavalerie en avant de Libert-Wolkovitz ne peut encore décider du gain de la bataille, et la canonnade se prolonge jusqu'à la nuit.

Trois officiers du 12ᵉ *Cuirassiers* sont blessés dans ces charges; le chef d'escadrons Carlier a une jambe emportée et est fait prisonnier; le lieutenant Gérard est blessé à la jambe droite d'un boulet qui tue son cheval; le sous-lieutenant Siméon reçoit une balle à la cuisse droite.

Leipsig. — Pendant toute la journée du 17 octobre les armées restent en présence. Le 18, la bataille recommence. Le centre de l'armée française exécute un changement de front, la gauche en arrière, et le duc de Bellune, appuyé par le 1ᵉʳ corps de cavalerie, commandé désormais par le général Doumerc, vient occuper Probstheyda. Cette position devient le théâtre d'un combat acharné; plusieurs fois prise et reprise, elle reste enfin entre nos mains, et l'ennemi se borne à l'écraser de son feu; le sous-lieutenant Fournier du 12ᵉ *Cuirassiers* est tué dans ce combat; le capitaine Dijols et le sous-lieutenant Equeter y sont blessés, ainsi que le lieutenant Gillon, qui est fait prisonnier. Le colonel Daudiès eut deux chevaux tués sous lui, le 16 et le 18.

Le 1ᵉʳ corps de cavalerie repasse l'Elster pendant la nuit, mais tous les blessés du régiment et les bagages tombent aux mains de l'ennemi dans la journée désastreuse du 19 octobre. Les cuirassiers soutiennent la retraite jusqu'à Mayence, formant l'arrière-garde avec le duc de Reggio, puis le duc de Trévise. Le 20, le sous-lieutenant Jean, du 12ᵉ *Cuirassiers*, est blessé dans un combat entre Francfort et Mayence.

Le 6 novembre, le corps du général Doumerc, qui a passé le Rhin le 2, atteint Kreutznach et Bingen. Le 12ᵉ, commandé par le chef d'escadrons Grezes, est à Guemunden; il ne lu reste plus que 7 officiers et 84 hommes avec 62 chevaux, le tout dans un état affreux. On se hâte de réorganiser cette cavalerie anéantie, qui rentre en ligne au mois de décembre.

Le 1er corps, avec le général Doumerc, reste aux ordres du duc de Raguse sur le Rhin et la Nahe; le général Bordesoulle est passé au commandement du 2e corps de cavalerie et est remplacé par le général Bessières au commandement de la division. Le 12e, avec 14 officiers et 87 hommes, est dans la brigade Sopranzy; le colonel Daudiès commande la brigade, car Sopranzy a été blessé le 18 octobre.

CAMPAGNE DE 1814.

Le 1er janvier 1814, l'armée de Silésie, aux ordres de Blücher, passe le Rhin entre Coblentz et Andernach. Marmont, duc de Raguse, trop inférieur en forces, bat en retraite sur la Sarre. Le corps de cavalerie de Doumerc ne compte qu'une seule division, formée de régiments provisoires; le 12e *Cuirassiers* est à la 2e brigade, au 3e régiment provisoire, formé des 2e, 3e, 6e, 9e, 11e et 12e *Cuirassiers*. Son dépôt est dirigé sur Versailles, où le général Bordesoulle réorganise la cavalerie.

Le 9 janvier, Blücher force le passage de la Sarre, Marmont recule sous Metz, où il arrive le 12; sa cavalerie a deux engagements, vers Boulay et Courcelles. Le 15 janvier, forcé de reculer encore, il gagne Verdun et prend position en arrière de la Meuse, donnant la main à Mortier et Ney. Mais les corps de Sacken et de York franchissent cette rivière; Mortier et Ney reculent sur Saint-Dizier, puis sur Vitry-le-François, où Marmont les rejoint le 25. La division de cavalerie occupe Vitry-le-Brûlé.

Le 25 janvier, Napoléon vient prendre le commandement de l'armée réunie sur la Seine et la Marne; il essaye d'empêcher l'armée de Blücher de se rallier à l'armée de Bohême. Emmenant avec lui Ney, Victor et Marmont, il atteint le 27, à Saint-Dizier, l'arrière-garde de Sacken et la culbute; mais déjà Blücher avait franchi la Marne. Pendant que Napoléon le poursuit, Marmont occupe Saint-Dizier, avec le 1er corps de cavalerie; il reçoit l'ordre de rallier l'Empereur, et le rejoint le 31 à Morvilliers, près de Brienne, en passant par Vassy.

La Rothière. — Le 1er février, les deux armées ennemies réunies attaquent Napoléon dans ses positions à La Rothière; Marmont, avec le 1er corps de cavalerie, est chargé de couvrir le terrain entre Morvilliers et le bois d'Ajon; mais la position est trop étendue pour ses faibles forces, et, malgré les efforts de la cavalerie de Doumerc, il ne parvient pas à conserver Morvilliers; la bataille était perdue; Napoléon ordonne la retraite, qui s'exécute dans le plus grand ordre. La division Doumerc, restée à l'arrière-garde avec Marmont, manœuvre habilement devant l'ennemi, qui n'ose poursuivre son avantage.

Rosnay. — Le 2, le duc de Raguse passe la Voire au pont de Rosnay, où de Wrède cherche vainement à le couper du reste de l'armée; 4 ou 500 Bavarois franchissent derrière nous la rivière, mais le général Doumerc, se lançant sur eux, les balaye et les rejette sur la rive gauche. Le chef d'escadrons Grezes, du 12e *Cuirassiers*, est tué à cette affaire.

Le 3 février, le 1er corps de cavalerie est à Arcis-sur-Aube, où il rejoint une division provisoire de 1500 cuirassiers, dragons, chasseurs et lanciers, organisée à Meaux par le général Bordesoulle. Le 6, l'armée recule sur Nogent; Napoléon, apprenant la séparation des forces ennemies, se décide à tomber sur le flanc de Blücher; Marmont part de Romilly pour Sézanne par un temps si mauvais et des chemins si affreux, qu'il doit s'arrêter le soir entre Villenoxe et Fontaine-Denys; le lendemain il atteint Sézanne et prend position à Lachy et Chapeton;

les cuirassiers se portent en arrière du défilé de Pont-Saint-Prix.

Champaubert. — Le 10 février, Marmont, ayant en tête de colonne la cavalerie Doumerc, arrive vers neuf heures sur la hauteur qui domine la vallée du Petit-Morin et découvre le corps d'Alsuvieff, fort de 5000 hommes avec 24 canons.

La division Doumerc se jette sur les avant-postes ennemis, les bouscule et les poursuit jusqu'à l'avenue de Baye; le village est enlevé par les troupes de Marmont et la cavalerie Doumerc gagne la route de Paris. Alsuwieff bat aussitôt en retraite sur Étoges, mais le chemin lui est coupé par la division Ricard, qui s'empare de Champaubert; il ne lui reste plus pour s'échapper que la route de Montmirail et il change de direction pour la gagner. Les cuirassiers de Doumerc profitent de ce mouvement de flottement et d'hésitation pour charger à fond les carrés ennemis; ils les acculent aux bois et aux étangs du Désert, les enfoncent et dispersent le corps tout entier.

Le combat devient dès lors un massacre : 1500 hommes à peine parviennent à s'échapper. La cavalerie fait un butin immense : 21 canons, 47 officiers, le général Alzuwieff lui-même et 1800 hommes restent entre nos mains, sans compter environ 2000 hommes tués. Des récompenses sont demandées à l'Empereur pour la cavalerie du 1er corps, qui a montré l'intrépidité la plus rare.

Le 11, Marmont avec le 1er corps de cavalerie se porte à Étoges sur la route de Châlons, où il reste pendant les batailles de Montmirail et de Château-Thierry; Blücher reprend l'offensive contre lui et le presse vivement; Marmont recule le 14 sur Montmirail, où Napoléon arrive à son soutien.

Vauxchamps. — Déjà les Prussiens occupaient Vauxchamps; Marmont suspend aussitôt son mouvement et attaque le village de front pendant que Grouchy, avec la cavalerie, tourne la position par la droite. Arrêté par une première charge du 2ᵉ cuirassiers et devant des forces si imposantes, Blücher ordonne la retraite, qui s'effectue en carrés flanqués par 5 régiments de cavalerie.

A peine a-t-il dépassé Janvilliers que Grouchy tombe sur ses derrières avec le 1ᵉʳ corps de cavalerie, et accule plusieurs carrés aux bois entre Saint-Martin-d'Ablois et Étoges; 1000 hommes, coupés par cette charge, mettent bas les armes; 2 bataillons sont cernés et pris avec 4 pièces de canon.

Ce premier succès obtenu, Grouchy laisse Blücher continuer sa route sur Étoges, écrasé sous les feux de l'artillerie; il se jette dans les bois et, faisant un grand circuit, vient se placer à cheval sur la route en avant de Champaubert, sur la ligne de retraite ennemie. Cette manœuvre a un plein succès; à la chute du jour, Blücher continuait péniblement sa marche lorsque Grouchy, avec les divisions Doumerc, Bordesoulle et Saint-Germain, se précipite comme la foudre sur ses derrières. Nos cuirassiers, lancés à fond, rompent les lignes, enfoncent les carrés et y sèment un désordre épouvantable; le prince Auguste de Prusse et Blücher sont renversés et foulés aux pieds, et le corps entier eût été sabré jusqu'au dernier homme, si le maréchal Ney, craignant de voir la cavalerie s'égarer dans les bois, n'eût fait sonner le ralliement. Marmont poursuit les débris de l'armée prussienne que Blücher cherche à rallier en arrière d'Étoges; malgré l'obscurité, les cuirassiers de Doumerc dispersent encore une division qui cherche à défendre le village, et lui prennent 600 hommes et 8 canons.

Le 15 février, Napoléon laisse à Étoges Marmont et le 1ᵉʳ corps de cavalerie, pour aller attaquer l'armée de Bohême. Le 16, le corps volant de Diébitsch, venu de Sézanne, tente un coup de main sur Montmirail. Marmont se porte à sa rencontre, et le chasse de la ville; Doumerc le poursuit l'épée dans les reins jusqu'à Pont-Saint-Prix.

Cependant une nouvelle organisation de la cavalerie a

été faite; elle est répartie sous le commandement suprême de Grouchy en quatre corps : 1er corps, général Bordesoulle; 2e corps, général Saint-Germain; 5e corps, général Milhaud; 6e corps, comte de Valmy.

Le 1er corps reste attaché au duc de Raguse. Il comprend une division légère, général Merlin, et une division de cuirassiers commandée directement par Bordesoulle et formant deux brigades : la 1re brigade Thiry : 2e, 3e, 6e,

9e, 11e, 12e *Cuirassiers*; la 2e brigade Laville : 4e, 7e, 14e cuirassiers, 23e, 7e, 28e, 30e dragons. Ces troupes restent aux ordres du général Doumerc jusqu'au commencement de mars.

Le général Bordesoulle, chargé de l'organisation de la cavalerie, était allé chercher au dépôt de Versailles 500 recrues destinées aux cuirassiers du 1er corps et était en marche pour rejoindre l'armée.

Valjouan. — Le 17 février, il est attiré par le canon dans la direction de Valjouan, où il trouve le duc de Bellune aux prises avec une division bavaroise. Sans hésiter il mène au combat ses deux escadrons de conscrits, à cheval depuis huit jours seulement, et les lance sur les hulans de Schwartzenberg et les hussards de Ferdinand. En un instant les deux régiments sont enfoncés et dispersés dans les bois, et

300 hommes sabrés par ces jeunes cavaliers, qui apportent au combat un acharnement incroyable. On eut grand'peine à leur arracher des mains quelques officiers, auxquels ils ne voulaient pas faire quartier.

Après ce bel exploit, Bordesoulle cherche à rallier Marmont et le 1er corps de cavalerie vers Sézanne. Mais Blücher est revenu à la charge ; Marmont a dû reculer devant lui jusqu'à la Ferté-sous-Jouarre, où il rejoint, le 27 février, le duc de Trévise. Il s'établit derrière l'Ourcq, que Blücher cherche vainement à franchir le 28, au pont de Gesvres. Napoléon accourt au secours des deux maréchaux, et Blücher, prévenu de son approche, s'enfuit sur Soissons, harcelé par Marmont et Mortier, notamment le 3 mars à Neuilly-Saint-Front, où la cavalerie, mieux conduite, aurait pu faire des merveilles et enlever toute l'arrière-garde.

Le 4 la capitulation de Soissons sauve les troupes épuisées de Blücher. Le 5, Marmont essaye vainement de reprendre la ville; il a l'ordre de gagner Béry-au-Bac en faisant partir devant lui sa cavalerie, dont le général Bordesoulle vient de prendre le commandement. Il franchit l'Aisne, mais ne peut rejoindre l'Empereur assez à temps pour assister à la bataille de Craonne. Le 8, le 1er corps de cavalerie est à Craonne et pousse de fortes reconnaissances sur Reims et Soissons pour garantir les derrières de l'armée.

Athies. — Le 9 mars, a lieu une malheureuse affaire; Marmont enlève à Blücher le village d'Athies, et s'y installe. Le soir, il est attaqué à l'improviste par les corps de Langeron, Sacken et York, soutenus par la cavalerie de Ziethen. Le désordre est mis à son comble par l'arrivée du corps de Kleist sur nos derrières et, la panique aidant, tout fuit à la débandade. Marmont a bien de la peine à rallier tout son monde et se retire derrière la Vesle, aux environs de Fismes. Le 11, il occupe de nouveau Béry-au-Bac, où il se trouve dans une situation très-précaire; le lendemain, la prise de Reims le force à revenir sur Fismes, où Napoléon vient le rejoindre.

Reims. — Le 13 mars, à 4 heures du soir, on attaque devant Reims le corps de Saint-Priest. La division Merlin, soutenue par les cuirassiers du 1er corps, engage l'action à droite en cernant et capturant trois bataillons prussiens qui cherchaient à gagner le pont de Sillery. Reims est emporté dans la nuit et la défaite de l'ennemi achevée par un mouvement tournant de la cavalerie, qui lui coupe la route de Béry-au-Bac.

L'armée prend trois jours de repos; le 17, Napoléon repart, laissant sur l'Aisne Marmont et le 1er corps de cavalerie, soient 13 000 hommes, 5 000 chevaux et 60 canons. Le 12e *Cuirassiers* compte 121 hommes à cette date.

Le 18, l'armée de Silésie cherche à tourner Marmont, et l'attaque à Béry-au-Bac; il se défend vigoureusement, mais est obligé de se retirer sur Fismes; il va reprendre l'offensive, quand, le 21, l'Empereur lui ordonne de le rejoindre avec Mortier à Vitry, par Epernay. Les maréchaux trouvent la route barrée et l'ennemi maître d'Epernay; ils se portent le 23 sur Étoges, où ils se heurtent à la colonne Wintzingerode; enfin, le 24, Marmont, dépassant la Fère-Champenoise, acquiert la certitude que toute l'armée ennemie est devant lui; il va se retirer, mais l'ennemi ne lui en laisse pas le temps.

La Fère-Champenoise. — Le duc de Raguse prend ses dispositions sous le canon, pendant que la cavalerie de Pahlen tourne son flanc droit. Bordesoulle, à peine à cheval, essaye en vain de l'arrêter; il est repoussé avec perte par la brigade Dekterew, les hussards de Grodno et de Isumz, un régiment de Cosaques, les cuirassiers de Kretow et 12 pièces d'artillerie qui le poursuivent sur Sommesous.

A midi, après deux charges vaillamment repoussées, les cuirassiers de Bordesoulle sont enfin enfoncés et rejetés sur l'infanterie; une averse effroyable, aveuglant nos hommes, augmente le désordre, mis à son comble par une nouvelle charge de la cavalerie de la garde russe. On se rallie à grand'peine derrière le ravin de Connantray, et la retraite dégénère en véritable déroute.

Tout à coup, apparaît sur la gauche une colonne qui soutient un vigoureux combat. L'armée, croyant que Napoléon arrive à son secours, a honte de sa panique et se reforme aux cris de « vive l'Empereur! » Les cuirassiers de Bordesoulle sont les premiers ralliés et retournent à l'attaque, mais ils sont ramenés par l'artillerie wurtembergeoise et la cavalerie du général Seslavin. La colonne aperçue est la division Pactod, qui, par sa belle contenance, donne aux maréchaux le temps de se dégager; cernée par des forces supérieures, elle refuse de se rendre, tue 4 000 hommes à l'ennemi et périt presque tout entière. Le sous-lieutenant Doublet, du 12e *Cuirassiers*, est blessé à cette affaire.

Le 26 mars, Marmont recule en combattant sur Sézanne, mais il trouve le passage coupé à la Ferté et ne peut en déloger l'ennemi. Il se dirige sur Provins, protégé dans sa retraite par la cavalerie de Bordesoulle, qui manœuvre sur sa droite. Il faut se retirer sur Paris, car l'ennemi s'avance de tous côtés et tient toutes les routes. Le 29 mars, Marmont et Mortier se réunissent à Brie-Comte-Robert et arrivent ensemble à Charenton; le 1er corps de cavalerie se place à Montreuil.

Paris. — Le 30 mars, les Alliés attaquent Paris (c'est le 67e engagement de Marmont depuis le 1er janvier); la cavalerie est formée sur deux lignes, de Montreuil à Charonne, et tient la droite de Marmont. Celui-ci prend l'offensive sur le plateau de Romainville; il est repoussé par des masses énormes et rejeté sur Belleville, pendant que le roi Joseph s'enfuit précipitamment, autorisant les maréchaux à capituler.

La résistance continue; Bordesoulle est repoussé par Pahlen, qui s'empare de Charonne malgré un vigoureux retour offensif de notre cavalerie. Le soir, l'attaque devient générale; la butte Chaumont, Belleville, Ménilmontant, sont le théâtre d'un combat acharné; Bordesoulle est rejeté sur les barrières et tout va céder, quand un dernier effort de Marmont finit par chasser l'ennemi de Belleville. Mais une plus longue résistance est inutile. Les maréchaux demandent une suspension d'armes; ils évacuent Paris le 31 par les Champs-Élysées et se retirent derrière l'Essonne.

Un gouvernement provisoire s'établit à Paris; Marmont, de concert avec Souham, accepte ses ouvertures, et négocie avec le prince de Schwartzenberg une convention aux termes de laquelle ses troupes vont gagner Versailles et se tenir sur un point en dehors du théâtre des hostilités. Pendant ce temps, Napoléon envoyait aux Alliés sa promesse d'abdication.

Le 5 avril, rien n'était encore signé lorsque, en l'absence de Marmont, Souham brusque les choses et met le corps d'armée en mouvement sur Versailles, où il arrive au milieu des murmures et de l'indignation des troupes, qui se voient trompées. Une proclamation de Marmont, revenu en toute hâte, ne fait que monter encore les esprits et une véritable révolte éclate; tout le corps d'armée abandonne ses généraux et se met en marche sur Rambouillet. Marmont parvient à l'arrêter et parle aux officiers, qui détrompent enfin les soldats, persuadés qu'on allait les livrer à l'ennemi.

Le 6ᵉ corps reprend sa marche sur Mantes et gagne la Normandie. Le 1ᵉʳ corps de cavalerie est dirigé sur Rouen, le 15 avril; le 12ᵉ *Cuirassiers* y comptait à cette date 13 officiers et 82 hommes avec 34 chevaux d'officiers et 80 de troupe; 2 officiers et 5 hommes sont restés en arrière.

Le 13 avril, toute l'armée prend la cocarde blanche. Le 12 mai, la cavalerie est réorganisée; les régiments de cuirassiers sont au nombre de 12. Le 14ᵉ cuirassiers verse au 12ᵉ ses 1ʳᵉ, 2ᵉ, 3ᵉ et 5ᵉ compagnies (3 capitaines, 4 lieutenants, 8 sous-lieutenants). Le régiment va tenir garnison à Lille.

CAMPAGNE DE 1815.

Le 20 mars 1815, Napoléon 1er arrivait de l'île d'Elbe à Paris aux acclamations de toute l'armée. En deux mois, il réorganise l'armée, triple ses effectifs et la met en état de tenir tête aux Alliés. La réserve de cavalerie est partagée en 4 corps : 1er corps, cavalerie légère, général Pajol ; 2e corps, dragons, général Exelmans ; 3e corps, cuirassiers, général Kellermann ; 4e corps, cuirassiers, général Milhaud.

Le 12e *Cuirassiers* fait partie du 4e corps; il compte à la 13e division de cavalerie, général Walhier Saint-Alphonse, dans la 2e brigade, général Travers (formée des 7e et 12e *Cuirassiers*). Le 22 avril, le colonel Thurot a remplacé le colonel Daudiès, rentré dans ses foyers; le régiment compte, au commencement de juin, 2 escadrons, 22 officiers et 226 hommes.

Décidé à porter la guerre en Belgique, l'Empereur rassemble son armée sur la frontière ; les 4 corps de cavalerie se concentrent sur la Sambre; le 14 juin, toute l'armée est prête à se porter en avant, le centre à Beaumont. Le 15 juin, Napoléon part de Beaumont; les corps de cavalerie se suivent sur la route de Charleroi à une heure d'intervalle. Le corps prussien du général Ziethen est repoussé et se retire sur Gilly; poursuivi par le maréchal Grouchy avec les réserves de cavalerie, il recule sur Fleurus et prend position à Ligny. La réserve de cavalerie campe le soir dans les bois entre Fleurus et Charleroi.

Ligny. — Le 16, on est en présence de l'armée allemande à Ligny. Les cuirassiers de Milhaud sont placés en seconde ligne derrière Fleurus. A 2 heures, Napoléon attaque l'ennemi de front; la cavalerie de Milhaud suit les 3e et 4e corps à 600 toises. A 6 heures, toutes les positions sont emportées après un combat acharné; la garde et les cuirassiers de

Milhaud passent le ravin de Ligny et se jettent sur les réserves allemandes qui sont culbutées et enfoncées à l'arme blanche. L'armée ennemie est coupée en deux ; elle perd 40 pièces de canon, 8 drapeaux et un grand nombre de prisonniers.

Le maréchal Blücher, renversé par une charge de cuirassiers, ne doit son salut qu'à la nuit qui tombe, et se sauve à moitié estropié. Le 4ᵉ corps de cavalerie perd 150 hommes tués ou blessés dans ce combat.

Le 17, à la pointe du jour, les cuirassiers de Milhaud se portent avec le comte de Lobau sur les Quatre-Bras, pour soutenir le maréchal Ney aux prises avec Wellington. Napoléon arrive avec eux en vue de la ferme des Quatre-Bras occupée par un corps de cavalerie anglaise aux ordres du général Uxbridge, qui se met en retraite sur Bruxelles, soutenu par son artillerie. A la sortie de Genappes, les cuirassiers de Milhaud l'atteignent, écrasent le 7ᵉ hussards anglais et balayent définitivement la chaussée.

Il était trop tard pour attaquer de suite les positions anglaises ; l'armée française s'établit le soir en avant de Planchenoit. Une pluie torrentielle a détrempé le terrain, qui devient impraticable pour la cavalerie et l'artillerie jusqu'au lendemain matin.

Bataille de Waterloo (18 juin 1815).

Le 18 juin, à 8 heures du matin, Napoléon dicte son ordre de bataille, et dispose l'armée sur trois lignes devant la Haie-Sainte. Les cuirassiers de Milhaud sont placés en seconde ligne, en arrière de l'aile droite, formée par le 1ᵉʳ corps d'armée. Ils se déploient sur deux lignes à 30 toises d'intervalle, et à 100 toises en arrière du 1ᵉʳ corps, la gauche appuyée à la chaussée de Charleroi, la droite dans la direction de Frischermont. Le 12ᵉ *Cuirassiers* est en première ligne, à la gauche du corps.

A 11 heures et demie, la bataille commence sur la gauche; à midi, le maréchal Ney attaque la Haie-Sainte. Wellington, impuissant à arrêter le 1er corps, lance sur lui la brigade de cavalerie Ponsonby, formée des trois régiments Royal-Dragons, Scotch-Greys-Dragons et Inniskillings-Dragons. Le 45e de ligne et le 25e, rompus par cette charge, sont désorganisés et perdent deux aigles; une de nos batteries est bouleversée. L'Empereur arrive au galop, ordonne au général Milhaud de charger cette cavalerie, déjà arrêtée par les divisions Suberwic et Jacquinot. Cette mission est confiée à la brigade Travers (7e et 12e *Cuirassiers*), qui s'élance aux cris de « Vive l'Empereur ! » tombe comme la foudre sur la brigade Ponsonby et la massacre presque tout entière; 200 hommes à peine, sur 1200, parviennent à s'échapper.

Grâce à cette puissante diversion, notre infanterie ébranlée se rallie et se porte en avant. Les Anglais opposent à la Haie-Sainte une résistance terrible; Ney ne cesse de demander de l'infanterie à Napoléon, qui, obligé de soutenir l'attaque de Bulow, ne peut lui en envoyer. C'est une brigade de Milhaud qui se porte en avant pour l'appuyer; par un mouvement spontané, le corps entier se laissant entraîner, s'élance sur ses traces, charge les carrés de Wellington et en fait un terrible carnage; nos cuirassiers se rallient dans les bas-fonds, près de la Haie-Sainte, sous un feu qui les décime sans les faire plier un instant.

A 3 heures, la Haie-Sainte est enlevée; la cavalerie légère du 1er corps poursuit l'infanterie ennemie sur le plateau de la Haye, quand elle est ramenée par une cavalerie supérieure en nombre; les Anglais reprennent courage et reviennent à l'attaque.

Les cuirassiers de Milhaud gravissent alors les pentes du ravin, débouchent sur le plateau, suivis de la division Lefebvre Desnouettes, et tombent sur cette masse de cavalerie qui est en un instant rejetée en arrière de Mont-Saint-Jean; les Anglais lâchent pied et sont acculés sur leur droite. Des cris de victoire accueillent ces charges brillantes : « C'est trop tôt d'une heure, s'écrie Napoléon, cependant il faut soutenir ce qui est fait. » En effet, nous allions être privés pour le moment décisif de cette redoutable cavalerie qui nous avait si souvent donné la victoire.

Il est 5 heures, les escadrons ennemis se sont ralliés et pressent vivement les cuirassiers de Milhaud. L'Empereur

porte à leur soutien la division Kellermann ; la cavalerie de réserve de la garde suit le mouvement sans en avoir reçu l'ordre : on s'en aperçoit trop tard pour la faire revenir. Ces 12 000 cavaliers font des prodiges de valeur ; ils exterminent la cavalerie anglo-hollandaise, et, pendant deux heures, chargent sans discontinuer. L'artillerie de la première ligne anglaise est réduite au silence; celle de la seconde ligne est à chaque instant abandonnée par les canonniers obligés de chercher un refuge dans les carrés. Enfin l'infanterie anglaise, attaquée de toutes parts, fait des pertes énormes; des régiments entiers sont rompus et massacrés jusqu'au dernier homme, Wellington, obligé de s'enfermer à tout instant dans les carrés ne doit son salut qu'à l'immobilité et au courage de ses troupes qui se font hacher sur place.

Le général Travers est blessé en enlevant, à la tête du 12e *Cuirassiers* plusieurs batteries anglaises. « Il faudrait, dit Jomini, emprunter les formes et les expressions les plus poétiques de l'Épopée, pour raconter avec quelque vérité les glorieux efforts de cette cavalerie. » Cet effrayant combat durait encore à 7 heures du soir, et nos cuirassiers se ralliaient à portée de fusil de l'ennemi quand le corps de Blücher arrive sur le champ de bataille et repousse le 1er corps épuisé; la cavalerie ennemie rompant nos lignes inonde le champ de bataille et porte le désordre à son comble. Vainement les débris de nos cuirassiers cherchent à s'opposer à ce torrent; écrasés par les feux de Wellington et chargés de toutes parts par une cavalerie toute fraîche, ils sont forcés d'abandonner un combat devenu tout à fait inégal et se replient par la chaussée de Charleroi.

Il est impossible de retrouver le chiffre exact des pertes du 12e *Cuirassiers* à cette bataille de géants; les matricules du corps donnent les noms de 85 hommes tués, sans compter les nombreux disparus, ainsi que ceux du capitaine Meneret, des sous-lieutenants Maréchaux et Desavoye, tués; du capitaine Pfister, des lieutenants Gérard et Morin, blessés. Le colonel Thurot a, pendant la bataille, remplacé le général Travers blessé à la tête de sa brigade; il a emporté plusieurs batteries ennemies et sabré 4 carrés d'infanterie anglaise.

Les cuirassiers de Milhaud se retirent sur Reims où ils doivent se réorganiser. Ils sont mis, le 26 juin, aux ordres du comte d'Erlon pour éclairer les routes aboutissant à Compiègne. Le 1er juillet, le 12e *Cuirassiers* est à Evreux; le 3, une suspension d'armes est signée.

Le 16 juillet 1815, une ordonnance du roi licencie l'armée et la réorganise; le 12e *Cuirassiers* est supprimé et versé dans les autres régiments. Son conseil d'administration subsiste encore à Niort, jusqu'au milieu de 1816, où il disparaît définitivement.

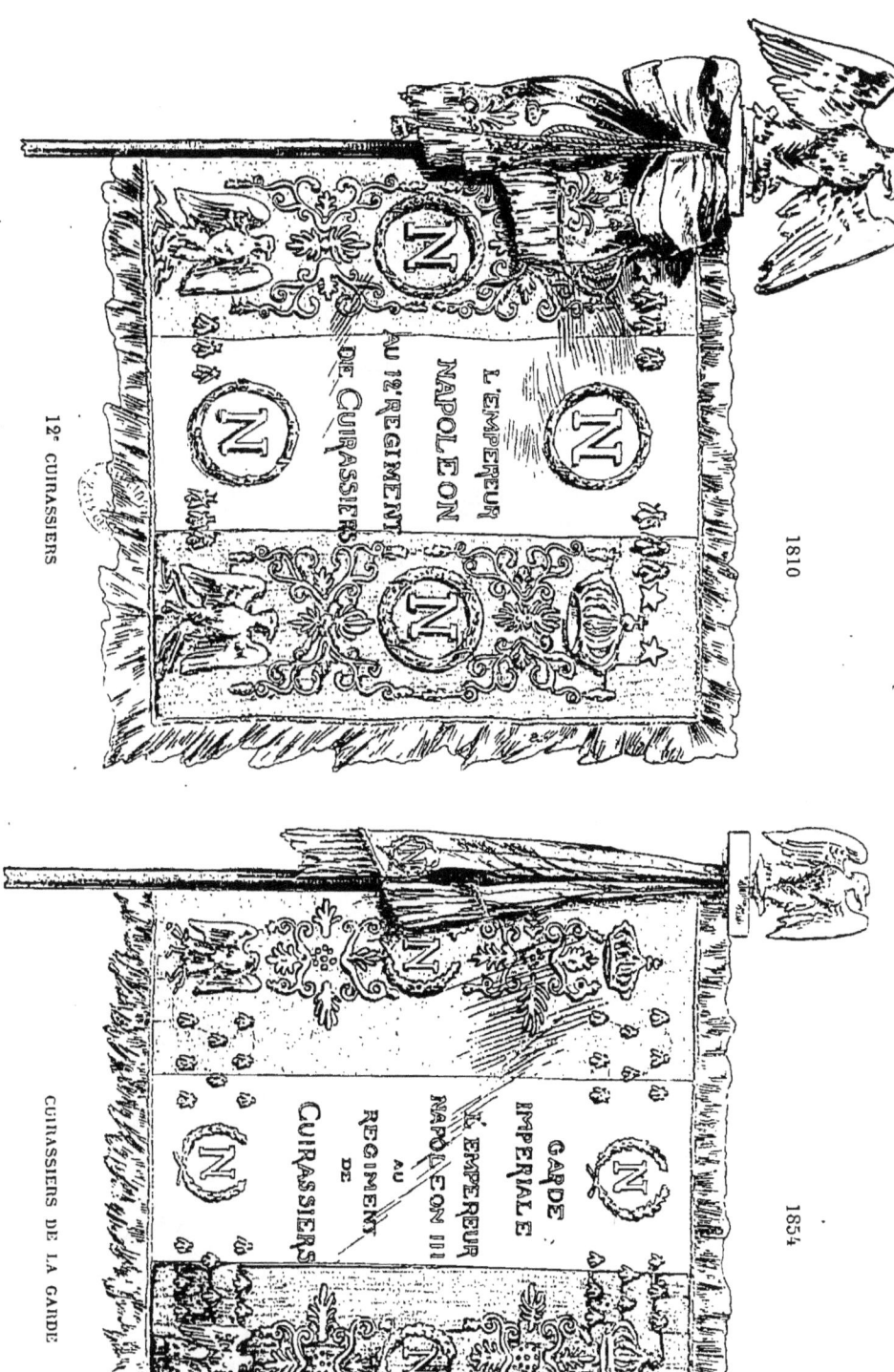

II

ORGANISATION

Le 24 septembre 1803. — Par arrêté du premier consul, les 12 premiers régiments de cavalerie sont cuirassés et prennent le nom de Cuirassiers. Le 12e *de Cavalerie* devient le 12e *Cuirassiers.*

Le 25 février 1806. — Les corps sont chargés de pourvoir eux-mêmes à leurs fourrages.

Le 10 avril 1806. — Création de la masse de compagnie pour pourvoir à la bonne tenue et à la propreté du soldat.

Le 31 août 1806. — Décret relatif à l'organisation des Cuirassiers. Chaque régiment a 1 état-major et 4 escadrons de 2 compagnies.

ÉTAT-MAJOR.

1 Colonel, 1 major, 2 chefs d'escadrons, 2 adjudants-major, 1 quartier-maître trésorier, 1 chirurgien-major, 1 aide-major, 2 sous-aides-majors, 2 adjudants, 1 brigadier-trompette, 1 vétérinaire, 6 maîtres (tailleur, sellier, bottier, culottier, armurier, éperonnier).

Compagnies.

1 Capitaine, 1 lieutenant, 1 sous-lieutenant, 1 chef, 4 maréchaux des logis, 1 fourrier, 8 brigadiers, 82 cavaliers, 1 trompette.

La force du régiment sera de 820 hommes et 831 chevaux. En temps de guerre chaque officier se pourvoira d'un cheval en plus; un 5e escadron sera formé à l'entrée en campagne. La taille des officiers et des hommes est fixée de 1m,70 à 1m,80.

Le 21 décembre 1808. — Un décret fixe la composition des

conseils d'administration à : le colonel, président; les 2 plus anciens chefs d'escadrons; le plus ancien capitaine et 1 sous-officier. En cas d'absence, le colonel est remplacé par le major. Les 3 plus anciens capitaines présents, après les membres du conseil, et 2 sous-officiers, désignés pour suppléants, assisteront à toutes les séances, mais sans y avoir voix, ni action. Le quartier-maître trésorier, ni les officiers chargés des divers détails, ne pourront, en aucun cas, faire partie du conseil.

Le 30 avril 1809. — Un décret impérial ordonne que les régiments de cuirassiers auront par compagnie le même nombre d'officiers que les corps de cavalerie légère, c'est-à-dire 1 capitaine, 1 lieutenant et 2 sous-lieutenants.

Le 24 décembre 1809. — Le 5e escadron des régiments de cuirassiers est supprimé. Les régiments seront maintenus en 1810 au complet de 4 escadrons en officiers. Chaque escadron au complet de 240 hommes et 200 chevaux; au total 960 hommes et 800 chevaux.

Le 13 avril 1814. — La cocarde blanche est la cocarde française, elle sera prise par toute l'armée.

Le 12 mai 1814. — Ordonnance du roi sur l'organisation de la cavalerie française. Les régiments sont à 4 escadrons de 2 compagnies :

ÉTAT-MAJOR.

1 Colonel, 1 major, 2 chefs d'escadrons, 2 adjudants-majors, 1 quartier-maître trésorier, 1 porte-étendard, 1 chirurgien-major, 1 aide-chirurgien, 2 adjudants, 1 maréchal-vétérinaire en 1er, 1 maréchal en 2e, 1 brigadier-trompette, 5 maîtres (tailleur, sellier, bottier, culottier, armurier).

Compagnies.

1 Capitaine, 1 lieutenant, 2 sous-lieutenants, 1 chef, 4 maréchaux des logis, 1 fourrier, 8 brigadiers, 42 cavaliers montés, 16 à pied, 2 trompettes, 2 enfants de troupe.

Effectif.

42 Officiers et 602 hommes.

12· RÉGIMENT DE CUIRASSIERS. 131

Le 14ᵉ cuirassiers verse au 12ᵉ ses 1ʳᵉ, 2ᵉ, 3ᵉ et 5ᵉ compagnies.

Le 20 janvier 1815. — Les conseils d'administration seront composés de : le colonel, président; le major, rapporteur; le plus ancien chef d'escadrons et 2 capitaines.

Le 16 juillet 1815. — L'armée est licenciée et réorganisée; le 12ᵉ *Cuirassiers* disparaît.

Uniformes — Étendards

Le 24 septembre 1803. — Les régiments de cuirassiers ont un habit-veste, bleu avec collet rouge, épaulettes rouges, un gilet sans manches; culotte de peau blanche, bottes fortes, doubles cuirasses, gants crispin, casque à cimier de cuivre, crinière noire, bombe en acier avec bandeau de peau noire; schabraque en peau de mouton blanche; housse et portemanteau bleu galonné de blanc.

Chaque régiment a un étendard dont voici la description : bâton de 7 pieds 3 pouces peint en bleu, tourné en forme de lance, pique et talon en cuivre. Étoffe bleue brodée d'or; couronne de laurier aux angles avec le numéro du régiment; broderie de chêne en bordure. Au centre, une cuirasse d'argent à l'antique avec garniture rouge. Derrière, une massue en or surmontée d'un casque antique d'or à panache blanc, ceint d'un laurier vert. Au-dessus, sur un ruban blanc : République française; au-dessous, le numéro de l'escadron. Chaque escadron a son étendard. L'étoffe a $0^m,60$ de côté, la cravate tricolore avec des franges, torsades et glands d'or.

En 1804, après la création de l'Empire, chaque escadron eut un étendard tricolore, brodé et frangé d'or avec l'inscription : « L'Empereur Napoléon au 12ᵉ *Cuirassiers* ». Le bâton est surmonté d'une aigle éployée en or, qui constitue essentiellement l'étendard. Ces étendards furent distribués le 5 décembre 1804. (Le 12 octobre 1811, il n'y eut plus qu'une aigle par régiment.)

Le 22 décembre 1805. — L'Empereur prescrit de donner à tous les régiments de cuirassiers des mousquetons tirés de l'arsenal de Vienne.

Le 9 mai 1807. — Ordre est donné aux généraux et officiers de l'état-major des divisions de cuirassiers de prendre la cuirasse.

Le 5 juin 1807. — Murat propose de fixer les officiers dans l'arme des cuirassiers par un décret particulier. Il base cette demande sur la manière spéciale de combattre, l'instruction particulière à donner aux hommes, et la nécessité d'une constitution vigoureuse pour porter la cuirasse. Il propose pour les généraux l'uniforme suivant : habit de parade actuel ; habit de cuirasse court à l'antique, brodé par derrière, gants crispin de 10 pouces ; cuirasse plaquée argent à bords damasquinés en or et ceinture de maroquin rouge ; casque à l'antique avec panache blanc, bombe argent, et, pour cimier, l'aigle impériale sur une boule, tenant un foudre dans ses serres.

Le 12 juillet 1808. — L'Empereur ordonne de faire réduire les portemanteaux, de placer les manteaux sur le devant de la selle, et de ne laisser à la cavalerie qu'un habit.

Le 30 mai 1810. — L'habit des trompettes et musiciens est vert-dragon et garni de doubles galons de laine de 1 pouce : 5 sur la poitrine, 7 chevrons sur les manches, garnitures de poches.

Le 12 novembre 1811. — Ordonne de donner le mousqueton à tous les cuirassiers. Le mousqueton a une baïonnette s'attachant au ceinturon du sabre.

Le 10 décembre 1811. — Les aigles seront au nombre de 1 par régiment, et porteront d'un côté les noms des batailles où s'est trouvé le régiment et de l'autre : « L'Empereur Napoléon au 12ᵉ *régiment de cuirassiers* ». Les régiments qui se sont trouvés à Austerlitz ont des couronnes de laurier en or.

12e RÉGIMENT DE CUIRASSIERS.

Le 7 février 1812. — L'habillement des sous-officiers et cuirassiers sera composé d'un habit-veste, d'un gilet sans manches, d'une veste d'écurie, d'une culotte de peau, d'une surculotte, d'un pantalon de treillis et d'un manteau ; le manteau sera blanc piqué bleu avec collet en rotonde. Le gilet blanc, la veste d'écurie en tricot de la couleur de l'habit; la surculotte en drap gris, boutonnant le long des cuisses et bouclée au genou, la culotte en peau de daim ou de mouton; l'habit-veste sans revers, les retroussis garnis d'une grenade bleue. Les épaulettes en laine rouge avec liséré bleu; boutons numérotés. Le portemanteau en tricot de 65 centimètres à bouts carrés numérotés de blanc.

Les trompettes ont l'habit vert, galonné de 5 galons sur la poitrine et 7 chevrons sur les manches; entre les galons, un galon de fil blanc terminé par des franges; grenade verte. Tablier de trompettes vert frangé or portant les armes impériales et au revers : « 12e *régiment de cuirassiers* ». Pour le 12e *Cuirassiers*, l'habit est bleu avec collet, parements, pattes et retroussis roses.

Le 23 février 1813. — Les cuirassiers ont le manteau à manches et à collet.

Le 23 avril 1814. — La fleur de lis est substituée aux signes distinctifs du gouvernement précédent dans l'habillement des troupes. Les trompettes prennent l'habit bleu avec galons à la livrée de la maison régnante.

QUATRIÈME PARTIE

LES

CUIRASSIERS DE LA GARDE

(1856-1870)

LE 12ᵉ CUIRASSIERS (1870)

Formation du régiment.

Le régiment des Cuirassiers de la Garde impériale est créé par décret impérial du 1ᵉʳ mai 1854. Il est organisé à Saint-Germain-en-Laye à 6 escadrons, au moyen des éléments suivants :

1º Par des militaires dans leur dernière année de service et qui contractent un rengagement;

2º Par des militaires retirés du service et âgés de moins de trente-cinq ans;

3° Par des sous-officiers, brigadiers et cavaliers tirés des corps de cavalerie de ligne.

Le minimum de taille est fixé à 1m,76.

Les officiers supérieurs nommés le même jour sont :

    Colonel : Salle, du 6° cuirassiers.
    Lieutenant-colonel : Galand de Longuerue.
    Chefs d'escadrons : de Laroche Tourteau de Septeuil, Massue et Cadic.
    Major : Nérat.

Au mois de mai 1855, le régiment quitte Saint-Germain-en-Laye pour aller tenir garnison à Paris. Un escadron du régiment à tour de rôle est détaché pendant deux mois à Saint-Cloud.

Le 23 mai, l'empereur passe en revue le régiment et lui remet son étendard.

Le 11 juin, le colonel Salle est nommé général de brigade, et remplacé par le colonel baron Ameil, le 23 juin.

Le 20 décembre, l'empereur décrète la formation d'un nouveau régiment de cuirassiers de la Garde; le régiment ancien prend le nom de 1er *régiment des Cuirassiers de la Garde.*

1er RÉGIMENT DES CUIRASSIERS DE LA GARDE

Le 15 mai 1856, le régiment quitte Paris pour aller à Saint-Germain-en-Laye.

L'année suivante, il part pour Meaux le 8 mai; un escadron est détaché à la Ferté-sous-Jouarre. Au mois d'août, les quatre premiers escadrons sont envoyés au camp de Châlons et rentrent le 14 octobre. Un escadron est envoyé à Paris pendant la durée du camp.

Le 24 avril 1858, le régiment retourne à Saint-Germain-en-Laye; le 1er novembre il vient à Paris.

Campagne d'Italie

Le 22 avril 1859, le régiment reçoit l'ordre de mobiliser 4 escadrons pour la campagne d'Italie. Les 1er, 2e, 5e et

6ᵉ escadrons sont désignés pour partir avec la division de cavalerie de la garde, commandée par le général Morris. Les 3ᵉ et 4ᵉ escadrons restent au dépôt à Paris. Effectif au

départ : 47 officiers, 658 hommes, 111 chevaux d'officiers 530 chevaux de troupe.

Le 9 mai, le régiment part pour Marseille par les voies ferrées. Le 13 il se met en route pour Gênes, où il arrive le 30 par Fréjus, Cannes, Nice, Monaco, San-Remo, Saverne et Voltri; partout il est reçu avec enthousiasme. Le 2 juin il atteint Alexandrie, où il séjourne jusqu'au 12.

Le 14, on passe le Tessin sur un pont de bateaux. Le 15, le régiment atteint Milan.

Le 19, il arrive à Brescia, passant par Cassano, Antegnatte et Ospedaletto.

Le 21, il va s'établir au bivouac à Castelnedolo.

Solférino. — Le 24 juin, au bruit du canon de Solférino, la division monte à cheval à 8 heures du matin et se porte en avant, les cuirassiers fermant la marche; elle traverse Montechiari et Castiglione, et vient se former sur trois lignes entre les 2º et 4º corps d'armée. Un combat acharné rend notre infanterie maîtresse des hauteurs de Solférino et Cavriana et les Autrichiens sont en pleine retraite, quand un orage épouvantable suspend le feu de part et d'autre et rend toute poursuite impossible. Le régiment n'est donc pas engagé de toute la journée; il n'a qu'un homme et quelques chevaux blessés. A sept heures du soir il va bivouaquer à San Cassiano; trois jours après, il part pour Grazioli.

Le 1er juillet il arrive à Borghetto; le 4 à Pozzolo, après avoir passé le Mincio. Le 7 juillet, une suspension d'armes est signée à Villafranca.

Le 12, le régiment reçoit à Rhô avis des récompenses données au corps :

1 Croix d'officier : lieutenant-colonel Payen de Chavoy;

2 de chevalier : chef d'escadrons Thornton et adjudant Thiriot;

3 Médailles : maréchal des logis Bastel, trompettes Bouttiers et Schaal.

Le 16 juillet, le 1er *Cuirassiers de la Garde* rentre en France par Plaisance, Alexandrie, Turin, Suze, le Mont-Cenis (passage à pied) et Modane. Les deux premiers escadrons prennent les voies ferrées à Saint-Jean-de-Maurienne, les deux autres à Chambéry, et, le 9 août, tous sont au camp d'Alfort près Paris.

Le 14 août, entrée de la garde à Paris par une pluie battante; le régiment part ensuite pour Melun, où une médaille commémorative de l'expédition est distribuée à tous les hommes.

Le 9 août 1861, il se rend au Champ de Mars pour la revue de l'empereur ; le 30 septembre il quitte Melun pour Saint-Germain-en-Laye ; la même année le colonel Guérin de Waldersbach remplace le colonel Ameil.

Le 1er avril 1862, le régiment va tenir garnison à Paris, qu'il quitte le 1er octobre pour Compiègne. Le colonel Tixedor a remplacé le colonel Guérin de Waldersbach, nommé général de brigade ; lui-même meurt le 23 décembre, et le 3 janvier 1863, le colonel comte de Laroche-Tourteau de Septeuil est nommé à sa place.

Le 29 septembre 1864, le 1er *Cuirassiers de la Garde* quitte Compiègne pour rentrer à Paris.

Le 2 avril 1865, il part pour Saint-Germain, le 29 septembre pour Fontainebleau. Le 20 décembre, réduit à 4 escadrons, il se rend au terrain de la Sole pour y être passé en revue par M. le général Feray et fusionné avec le 2e *Cuirassiers de la Garde*, conformément au décret du 15 novembre. Le colonel Savaresse, nommé colonel du régiment des cuirassiers de la garde, est promu général de brigade et remplacé par M. de Laroche-Tourteau de Septeuil.

Nous allons retracer en quelques mots la vie militaire du 2e *Cuirassiers de la Garde*, fusionné avec le 1er.

2e RÉGIMENT DES CUIRASSIERS DE LA GARDE

Formé par décret du 20 décembre 1855, le 2e *Cuirassiers de la Garde* a pour colonel le baron Mignot de la Martinière.

Il tient garnison à Meaux en 1856 et à Compiègne en 1857 ; 4 escadrons sont détachés au camp de Châlons, d'août en octobre de la même année. En 1858, le régiment va à Paris, puis à Saint-Germain.

En 1859, 4 escadrons sont mobilisés pour la campagne

d'Italie; ils suivent le même itinéraire que le 1er *Cuirassiers*, et assistent comme lui à la bataille de Solférino. Le colonel de la Martinière est nommé général de brigade et remplacé le 5 juillet par le colonel Savaresse. Rentré au camp d'Alfort le 10 août, le 2e *Cuirassiers de la Garde* va tenir garnison à Fontainebleau la même année. Le 12 juin 1860, carrousel militaire devant Leurs Majestés. Le 7 août 1861, revue à Paris devant le roi de Suède Charles XV.

La même année le régiment vient à Paris. En 1862, il va à Saint-Germain, puis à Meaux. En 1864, il revient à Saint-Germain. En 1865, il tient garnison à Paris, puis à Melun. Le 20 décembre, réduit à 4 escadrons, il est fusionné avec le 1er *Cuirassiers* et quitte Melun pour Fontainebleau.

RÉGIMENT DES CUIRASSIERS DE LA GARDE

Le *Régiment des Cuirassiers de la garde impériale* est formé le 20 décembre 1865 à 8 escadrons, avec les 1er et 2e *Cuirassiers de la Garde*.

Colonel : de Laroche Tourteau de Septeuil.
Lieutenant-colonel : Clicquot.
Chefs d'escadrons : Dulac, d'Anglars, Reboul, de Missy.
Major : Bergeron.

L'effectif est de 1258 hommes et 924 chevaux.

Le 4 juin, ses 5 premiers escadrons vont au camp de Châlons. Le 19 août, il reçoit son étendard et rentre à Fontainebleau.

En 1867, par décret du 6 février, le régiment est constitué à 6 escadrons; les cadres du 7e escadron passent aux lanciers de la garde; ceux du 8e sont mis à la suite.

Le 6 juin, revue à Paris devant l'empereur de Russie et le roi de Prusse. Le 30 septembre, départ pour Saint-Germain. Le 25 octobre, revue à Longchamps devant l'empereur d'Autriche. Le 2 novembre, un escadron est détaché pour le service d'honneur de Leurs Majestés.

Le 2 avril 1868, le corps quitte Saint-Germain pour Paris; le 1er octobre il part pour Meaux. Le 14 décembre, le colonel de Septeuil, promu général de brigade, est remplacé par le colonel Dupressoir.

Le 14 novembre 1869, le régiment quitte Meaux pour Saint-Germain.

Le 12 janvier 1870, 4 escadrons vont à Paris pour maintenir l'ordre et rentrent le lendemain. Le 2 juin, revue à Longchamps.

CAMPAGNE DE 1870

Le 22 juillet, le régiment des *Cuirassiers de la Garde*, désigné pour faire partie de l'armée du Rhin, reçoit l'ordre de s'embarquer à Poissy. Il est composé de 5 escadrons à 128 hommes et 105 chevaux, sous les ordres de :

MM. Dupressoir, colonel;
Letourneur, lieutenant-colonel;
de Gantès,
de Sahuqué, } chefs d'escadrons;

(M. de Gantès, nommé lieutenant-colonel, est bientôt remplacé par M. de Vergès.)

Les escadrons par ordre de marche sont :

Le 6e, capitaine commandant Roussange.
Le 1er, — Barénaut.
Le 2e, — Laborde.
Le 3e, — Codieu (puis Barroy).
Le 4e, — Thomas.

Pendant toute la durée de la campagne, le régiment forme, avec les carabiniers de la garde, la 3e brigade (général du Preuil) de la division de cavalerie de la garde, commandée par le général Desvaux.

Le 23 juillet, il débarque à Nancy et s'établit au camp de Malzéville, sur les bords de la Meurthe. Le 27, il part pour

Metz, en faisant étape à Pont-à-Mousson ; du 28 juillet au 4 août, il bivouaque à l'île Chambière.

Du 4 au 8 août, marche en avant sur les routes de Sarrelouis, puis de Sarrebrück ; le régiment s'établit le 4 à Volmérange, le 5 aux Étangs, entre les routes de Sarrelouis et Sarrebrück, le 6 à Morange ; le 7 il prend position à Boucheporn, près Saint-Avold, pour soutenir en cas d'attaque le 4e corps (général Ladmirault), et bivouaque le soir à Longeville-les-Saint-Avold. Le 8, retraite sur Metz, causée par la nouvelle de la défaite de Frœschwiller ; les *Cuirassiers de la Garde* bivouaquent le soir à Courcelles-Chaussy, le 9 à Mézeray, le 11 en arrière de Borny, où ils séjournent les 12 et 13.

Bataille de Borny. — Le 14 août, à 4 heures du soir, l'armée prussienne de Steinmetz attaque nos avant-postes et le combat continue jusqu'à la nuit sans que le régiment soit appelé à y prendre une part active. Il traverse Metz à une heure du matin et bivouaque au Ban-Saint-Martin ; le 15 au soir, il prend position près de Gravelotte, en avant de la bifurcation des routes de Metz et d'Étain.

Bataille de Rezonville. — Nous insisterons davantage sur la journée du 16 août, qui est le dernier exploit militaire du régiment et dont le souvenir sanglant reste gravé dans la mémoire et dans le cœur des derniers survivants des *Cuirassiers de la Garde*. C'est de la bouche même de trois des acteurs de ce terrible drame que nous tenons cette page de notre histoire. (Ce sont : le commandant Davignon, professeur à l'École supérieure de guerre, le capitaine Langlaude, du 12e *Cuirassiers*, et le capitaine Sainte-Chapelle, du 13e dragons.)

Le 16 août, dès quatre heures du matin, le régiment des *Cuirassiers de la Garde* est prêt à marcher, les chevaux sellés, les hommes la bride au bras.

A dix heures, le canon tonne dans la direction de Rezonville : la division de cavalerie de Forton, établie devant ce village, est surprise dans son camp par une grêle d'obus et se replie en désordre; aussitôt la brigade de cavalerie de réserve de la garde monte à cheval, se porte en avant, les carabiniers en tête, et vient se déployer en arrière de Rezonville, au sud de la route de Metz à Verdun, les carabiniers à droite, les cuirassiers à gauche.

Le premier soin du colonel Dupressoir est de demander, pour son régiment, au général Desvaux, le droit de passer en première ligne, car c'est son tour de marcher en tête. On lui répond que ce n'est pas le moment de s'occuper de questions de cette nature; en effet, la situation est grave; le 2ᵉ corps, après une belle défense à Vionville et Flavigny, est rejeté sur Rezonville. Le colonel Dupressoir, sentant que le moment approche où il va falloir engager la cavalerie, prend sur lui de porter son régiment en ligne devant les carabiniers.

A peine les cuirassiers achevaient-ils leur mouvement, que le général Frossard, commandant le 2ᵉ corps, alors en pleine retraite, abordait vivement le colonel Dupressoir en lui disant : « Colonel, faites charger votre régiment, ou nous sommes foutus ! » (sic). « Mon général, répond le colonel, je ne puis engager mon régiment sur votre ordre, mais je vais envoyer prendre des ordres. » Le lieutenant d'état-major Davignon, stagiaire au régiment, va immédiatement trouver le général Desvaux qui, sans répondre, l'emmène auprès du maréchal Bazaine. Celui-ci, pensant en quelque sorte tout haut, prononce ces paroles : « Il faut absolument les arrêter, il faut sacrifier un régiment. » Il envoie aussitôt un officier de son état-major porter au 3ᵉ lanciers, placé en avant de Rezonville, près et au sud de la grande route, l'ordre de charger l'infanterie allemande qui remonte de Flavigny; puis, se tournant vers le général Desvaux : « Les *Cuirassiers de la Garde,* lui dit-il, appuieront la charge du 3ᵉ lanciers. » Le lieutenant Davignon transmet aussitôt cet ordre au colonel Dupressoir.

Cependant le régiment est resté immobile sous le feu des batteries prussiennes placées au sud de Vionville, qui le couvrent de projectiles. Heureusement les obus sont généralement pointés trop long et passent sur la tête de nos cuirassiers. Le commandant de Sahuqué, placé en avant des 4e et 6e escadrons, voyant les figures s'allonger, se retourne en riant vers la troupe, dont les casques s'inclinent involontairement à chaque volée d'obus : « Ah oui! dit-il, il faut saluer! »

Quelques instants après, le 3e lanciers, monté en chevaux gris, apparaît sur notre droite, se forme en bataille et s'élance à la charge ; mais il a pris trop à droite : les chevaux, recevant des projectiles sur leur gauche, appuient du côté opposé par un mouvement irrésistible, qui colle le régiment contre le remblai de la route; la charge était manquée, et le 3e lanciers est forcé de se replier.

A ce moment le capitaine de la Pommeraye, de l'état-major du 2e corps, arrive ventre à terre et, s'adressant au colonel Dupressoir, lui crie de loin : « Colonel, voulez-vous appuyer le général Frossard, qui est dans une très mauvaise position ? » Le colonel, obéissant aux instructions qu'il avait reçues d'appuyer la charge du 3e lanciers, porte aussitôt en avant les *Cuirassiers de la Garde*.

Laissons parler un instant le capitaine Sainte-Chapelle, alors fourrier au 4e escadron, et guide de gauche de son escadron dans la charge qui va avoir lieu :

« Le colonel Dupressoir commanda très régulièrement : « Escadrons en avant! Escadron de droite, escadron de direction! »; le commandement répété par les chefs d'escadrons, les capitaines commandants firent celui de : « Escadron en avant! guide à droite. » Puis il y eut échange d'observations qui s'entre-croisaient entre les officiers de peloton, les capitaines et les officiers supérieurs : « Les pistolets ne sont pas chargés? — Oui. — Non. — Faites charger. — Il faut faire jeter le campement et l'avoine, etc. ! » Nous avions des tentes, des piquets, des cordes d'attache, etc., et quatre jours d'avoine non seulement dans le bissac, mais encore plein le sac placé sur le siège de la selle, les deux bouts pendants. Mais, avant qu'on ait rien décidé, nous obéissions aux commandements : « Sabre, main ! » et : « Au galop ! Marche ! »

« Je crois que je ne serai pas démenti, si j'affirme que le mouvement rapide fit succéder une impression de bien-être et de véritable joie à l'espèce d'énervement moral que l'immobilité sous le feu de l'artillerie avait engendré et qui se traduisait par un silence presque absolu. Dès qu'on eut le sabre à la main, les langues se délièrent, et, d'un bout à l'autre des escadrons, s'échangeaient des interpellations : « Hein ! il n'est que temps ! — Ça va bien ! — Ous qu'y sont « qu'on leur-z-y cause deux mots. » Et autres propos de loustics.

« Nous fîmes ainsi en bataille, au galop, peut-être 150 à 300 mètres, puis nous vînmes arrêter court devant une haie qui, je crois, bordait le chemin de Rezonville à Gorze. Il y eut quelques secondes d'hésitation, puis l'escadron de gauche fit pelotons à gauche et les autres de même successivement. Aussitôt démasqués, les 6ᵉ et 4ᵉ escadrons firent de nouveau face en tête par pelotons à droite, et formèrent ainsi la première ligne ; les 3ᵉ et 2ᵉ exécutèrent la même chose dans le sillon tracé par les escadrons de gauche, enfin le 1ᵉʳ en fit autant à son tour. Le régiment se trouva ainsi disposé sur 3 lignes, se suivant à 100 pas de distance.

« Aussitôt après s'être remis en bataille, les deux escadrons de tête (6ᵉ et 4ᵉ) avaient repris le galop. Nous ne voyions toujours rien, car les Prussiens montaient la contre-pente d'un plateau, tandis que nous descendions celle du plateau précédent. Nous franchîmes le ravin, le ruisseau à sec, et gravîmes la côte. En arrivant au sommet, le terrain s'abaissant de l'est à l'ouest, nous voyons droit devant nous le hameau de Flavigny en flammes à environ 2 000 mètres, et, en deçà, la plaine noire de Prussiens (à 1 200 mètres de nous), sur plusieurs lignes irrégulières, mais se suivant d'assez près : tirailleurs, renforts, soutiens et réserve.

Spontanément et d'un seul mouvement toutes les lames de sabre sont en l'air ; les cris de : « Chargez ! » et de « Vive l'Empereur ! » partent de tous côtés, tant l'homme a besoin de joindre l'ivresse du bruit à celle du mouvement.

« Le terrain s'abaisse devant nous et les chevaux tirent tant qu'ils peuvent sous cette nouvelle impulsion. Nous marchons d'ailleurs bien alignés et comme sur le Champ de Mars ; dans la Garde, la manœuvre à rangs serrés, c'est notre triomphe ! Ce qui, de plus, décuple notre ardeur, c'est que toute la première ligne prussienne s'arrête à notre apparition et fait demi-tour au pas gymnastique pour rejoindre les fractions en ordre serré.

« Chaque temps de galop nous rapproche, nous distinguons tous les détails d'uniforme, puis les figures ; ils se forment en un groupe compact, s'alignant sur les trois côtés d'un triangle, c'est du moins mon impression visuelle, et nous présentent un front sensiblement égal à celui de l'escadron. Ils apprêtent l'arme au commandement et debout ; nous approchons toujours, je prends ma direction sur l'angle du groupe qui forme la droite des Prussiens. Un commandement allemand, et tous les fusils s'abaissent, maniement d'armes très correct. Un léger frisson nous parcourt l'échine à l'idée de l'inconnu qui va surgir de là. La salve attendue éclate ; c'est un soulagement pour nous ; on ne voit pas ceux qui tombent, nos chevaux ne ralentissent pas, mais les Prussiens ont disparu dans la fumée, et leur feu à volonté se manifeste surtout par le carillon des culasses mobiles.

« Les Prussiens nous ont tirés à 50 ou 60 mètres ; aussitôt après leur premier feu, je me suis senti débordé par mes voisins et je criais : « Marchez donc droit ! » en tapant sur les chevaux à coups de plat de sabre. J'avais à côté de moi mon ordonnance, un vieux cuirassier picard nommé Pariset, qui avait été mon premier camarade de lit à mes débuts, et, comme tel, me traitait assez familièrement. Cet homme me dit tranquillement : « Si vous aviez ce que j'ai, vous ne gueuleriez pas si fort! » (Pariset avait une balle dans la hanche.) Je n'eus pas même le temps de lui demander : « Qu'est-ce que tu as? » nous étions déjà sur les baïonnettes et mon cheval tombait à l'extrémité postérieure de la face droite du groupe ennemi.... »

Les troupes allemandes qui soutinrent cette charge étaient : un bataillon de fusiliers du 12⁰ régiment d'infanterie et deux compagnies du 52⁰. Une partie du bataillon de fusiliers a continué à faire face à la chaussée, où paraissaient encore les lanciers, tandis que l'aile droite se rabattait à droite, à l'appel des officiers, pour présenter un front contre les cuirassiers; le premier rang mit genou à terre. Les deux compagnies du 52⁰ placées à droite ont pris une disposition analogue, ce qui donna aux spectateurs de Rezonville l'illusion de trois carrés en échiquier.

Le premier échelon des *Cuirassiers de la Garde* est conduit par le lieutenant-colonel Letourneur et le chef d'escadrons de Sahuqué; le premier est grièvement blessé d'une balle à l'aisselle; le second, mortellement atteint, tombe comme un héros au milieu des rangs ennemis. Auprès de lui est l'adjudant vaguemestre Fuchs, qui a abandonné ses voitures pour charger avec ses camarades, et se fait tuer à côté de son commandant.

Le 4ᵉ escadron a abordé l'ennemi de front, et, écrasé par une décharge à bout portant, s'est abattu en entier sur les baïonnettes prussiennes; tous ses officiers et sous-officiers restent sur le terrain.

Le lieutenant Bonherbe, les sous-lieutenants Leclerc et Cornuéjouls, le maréchal des logis Scheffler, le brigadier-fourrier Roblin, tués;

Le lieutenant Barreau, le sous-lieutenant Faralicq, blessés et prisonniers, avec les maréchaux des logis Rémond, François, Garnier, Chabert, Barillot et le fourrier Sainte-Chapelle, dont les chevaux sont tués. Le maréchal des logis Chabert a pénétré dans le groupe prussien, où son cheval renverse quelques hommes et est tué à coups de baïonnettes; son cavalier va avoir le même sort, quand il est sauvé par un officier allemand [1].

Le capitaine commandant Thomas, assez gravement atteint, traverse la ligne ennemie, suivi du capitaine en second Masson, du maréchal des logis chef Langlaude, blessé lui-même, et de quelques hommes restés à cheval; cette poignée de braves se rallie comme elle peut en faisant le coup de sabre avec les hussards prussiens des 11e et 17e régiments, accourus de Flavigny au secours de leur infanterie. Il restait 18 hommes du 4e escadron.

Le 6e escadron n'est guère moins éprouvé; une partie des chevaux tombent dans un large fossé devant la compagnie de droite ennemie, une terrible décharge désorganise le reste. Le capitaine commandant Roussange a son cheval blessé, le capitaine en second Gudin tombe sous le sien, le sous-lieutenant Bauvin est blessé.

La seconde ligne a suivi de près la première, entraînée par le chef d'escadrons de Vergès; à côté de lui est le général du Preuil lui-même, qui charge la canne à la main. Le régiment était parti sans son ordre direct, et il a couru après lui pour le rejoindre et le mener au feu lui-même.

Les 2e et 3e escadrons, pour éviter le sort du 6e, prennent un peu plus à droite, mais les chevaux du 4e escadron, qui gigottent à terre, entravent leur élan; l'ennemi a le temps de se reconnaître et concentre tout son feu sur ces nouveaux adversaires; à 60 mètres, la mitraille abat leurs deux rangs dans un pêle-mêle indescriptible. Le lieutenant Boudeville et le sous-lieutenant Michaux sont tués; les capitaines Laborde et Barroy, les lieutenants de Crouy et de Fromessent sont blessés; les lieutenants Davesnes et Mégard de Bourjolly ont leurs chevaux tués. Le chef d'escadrons de Vergès, blessé et démonté, remonte à cheval sous le feu. Les hommes encore montés ont poussé jusqu'à l'ennemi, des cuirassiers reviennent avec des coups de

1. L'historique du 12e régiment d'infanterie allemand cite les noms des hommes blessés et foulés aux pieds par nos cuirassiers.

baïonnette; mais ils sont trop désorganisés pour renverser un groupe profond.

Le 1er escadron, conduit par le colonel Dupressoir et le capitaine-commandant Barénaut, se heurte à son tour contre cette barrière de cadavres et est aussi très éprouvé; le capitaine en second Casadavant et le colonel Dupressoir sont blessés. Les chevaux démontés des deux premières lignes, affolés par le feu et la fumée, augmentent le désordre en se jetant vers le 1er escadron qui ne peut joindre l'ennemi.

Il ne restait plus qu'à se rallier; les débris des cinq escadrons, deux cents hommes à peine, arrivent au point de départ, harcelés par les 11e et 17e hussards prussiens, qui achèvent les blessés et courent sus aux hommes démontés; le 77e de ligne dégage enfin nos cuirassiers par une salve qui arrête les cavaliers allemands.

Pendant cette retraite, le cheval du colonel Dupressoir, frappé d'une balle à l'avant-bras, s'abat en entraînant son maître sous lui; le lieutenant Davignon, resté à côté du colonel, le relève; un brave garçon, le cuirassier Puiboulot, qui se repliait de ce côté, vient lui donner son cheval, et emmène tranquillement l'animal blessé par la figure, sous le feu de l'ennemi. (Il fut médaillé pour cet acte de dévouement, et le lieutenant Davignon cité à l'ordre de l'armée.)

D'autres se distinguent par des traits de courage. Le cuirassier Dormayer, démonté et resté pris sous son cheval, voit tomber à côté de lui son capitaine grièvement blessé. Le brave soldat parvient à se dégager et, malgré le feu terrible de l'ennemi, au lieu de songer à sa propre vie, il court à son officier, qu'il parvient à traîner dans un fossé à l'abri des balles; il est cité à l'ordre du jour du 5 octobre. Le brigadier Gardebled, du 3e escadron, rapporte sa main droite coupée par le sabre d'un hussard prussien; il la tient dans sa main gauche comme un objet ramassé sur le champ de bataille. Il meurt à l'hôpital des suites de cette blessure.

Deux cents hommes, avons-nous dit, se sont ralliés en

arrière de Rezonville ; le régiment, ainsi réduit, manœuvre le reste de la journée avec les carabiniers. A 8 heures, il se met au bivouac derrière le bois des Ognons. Ses pertes se chiffrent ainsi :

    6 officiers tués,
   13 » blessés,
   24 sous-officiers } tués ou disparus,
 109 brigadiers ou cavaliers
    5 sous-officiers } blessés,
   50 hommes
 208 chevaux disparus.

Il ne nous appartient pas de commenter cette charge des *Cuirassiers de la Garde*, ni de discuter la façon dont elle fut conduite. Elle fut exécutée avec le plus grand courage, et, si elle ne vint pas à bout du groupe d'infanterie contre lequel elle était dirigée, elle eut du moins les résultats qu'on en attendait. En attirant sur elle le feu de l'artillerie ennemie, elle permit à nos batteries de prendre position et de régler leur tir; elle rétablit par cela même le combat sur cette partie du champ de bataille et arrêta les progrès de l'ennemi, qui ne gagna plus un pouce de terrain de ce côté pendant toute la journée.

L'ordre du jour du général Desvaux contient les lignes suivantes :

« Les *Cuirassiers de la Garde*, sous les ordres du général du Preuil, ont fait preuve d'une grande intrépidité à l'attaque des carrés prussiens soutenus par une nombreuse artillerie, en avant du hameau de Flavigny. Un grand nombre d'officiers, de sous-officiers et de soldats ont péri dans ces luttes sanglantes. La division de la cavalerie de la Garde conserve précieusement le souvenir de ces braves. »

Le 17 août, le régiment monte à cheval à 6 heures du matin, prend la gauche des carabiniers, et se dirige sur Metz par des chemins de traverse. Il se met au bivouac au pied du village de Lessy, près de Châtel-Saint-Germain.

Le 18 il assiste, sans être engagé, à la bataille de Saint-Privat. Le soir, il monte à cheval et vient bivouaquer au pied des hauteurs de Plappeville. Le 20, il s'établit au Ban-Saint-Martin, sous la protection des forts de Metz. Le 25, les *Cuirassiers de la Garde* sont envoyés au cantonnement dans l'île Chambière.

Le 31 août et le 1er septembre a lieu le combat de Servigny et du fort Saint-Julien ; le régiment suit en réserve sans être engagé.

Le 21 septembre il est organisé par ordre du maréchal commandant en chef, à 2 escadrons de 110 hommes montés et 10 à pied, sous les ordres des deux plus anciens capitaines-commandants. Les chevaux excédant cet effectif sont livrés à la boucherie au fur et à mesure des besoins, et les hommes démontés reçoivent des fusils. Le 28 octobre, Metz, à bout de ressources, capitule, et l'armée prisonnière est emmenée en captivité.

Dépôt du régiment de Cuirassiers de l'ex-Garde

Le dépôt formé le 23 juillet 1870 à Saint-Germain comprend le 5e escadron et le peloton hors rangs. Le 9 août, un escadron part pour Paris sous le commandement du chef d'escadron de Missy. Cet escadron (128 hommes et 108 chevaux) forme avec un escadron de Cent-Gardes, un de Carabiniers et un du 1er Cuirassiers, le 2e régiment de marche de Cuirassiers, qui prend temporairement (du 2 novembre 1870 au 1er avril 1874) le nom de 12e Cuirassiers.

Il concourt à la défense de Paris, du 15 septembre 1870 au 6 février 1871; part pour Chartres le 16 mars, puis le 28 pour Orange, où il est fusionné avec le 2e Cuirassiers le 1er avril.

Le 10 septembre le dépôt des Cuirassiers de la Garde est transféré à Lyon, le 17 à Orange, le 26 à Perpignan. Il envoie successivement 4 escadrons à l'armée de la Loire :

Le 1er novembre 140 hommes et 130 chevaux destinés au 5e de marche de cuirassiers.

Le 27 novembre 66 hommes et 61 chevaux pour le 7e de marche de cuirassiers.

Le 3 janvier 1871, 75 hommes et 76 chevaux pour le 9e de marche de cuirassiers.

Le 2 février, 59 hommes et 55 chevaux à Angoulême pour le 11e de marche de cuirassiers.

Le 4 février 1871, conformément au décret du gouvernement, le dépôt prend la désignation de 12e *Cuirassiers*.

Le 5 avril, le colonel Dupressoir rentre de captivité. Le 20, le régiment part de Perpignan pour Saumur, où il opère sa fusion avec le 9e régiment de marche de cuirassiers.

9e Régiment de marche de Cuirassiers

Une dépêche ministérielle du 7 janvier 1871 prescrit en ces termes à la division de Nantes la formation du 9e de marche : « Général, j'ai donné des ordres pour concentrer immédiatement à Niort 4 escadrons tirés des carabiniers et des cuirassiers de l'ex-garde et des 1er, 8e et 10e régiments de cuirassiers, pour concourir à la formation d'un 9e régiment de marche de cuirassiers, qui s'organisera dans cette place.

Le commandement est donné à M. le lieutenant-colonel Grandin.

Trois escadrons partent, le 10 janvier, pour rejoindre le 19e corps en formation à Toulouse; le 4e escadron les rejoint à Fougères, le 16 janvier. Le régiment comprend dès lors 30 officiers, 522 hommes et 580 chevaux.

Pendant le reste de l'expédition il fait partie de la 2e brigade de la division de cavalerie du 19e corps à la 2e armée de la Loire (général de division Abdelall, 3e et 4e hussards, 8e de marche de dragons, 9e de marche de cuirassiers; général de brigade, de Vouges de Chanteclair). Voici son journal de marche :

18 janvier, départ pour Saint-Aubin du Harcoüet.
21 — marche de 3 escadrons sur le Tilleul et Louvigné.
23 — réunion du régiment au Tilleul.
24 — à Juvigny Saint-Andais.
25 — à Ranes, 26 à Putanges (séjour).
4 au 12 février, cantonne autour de Falaise.
12 février, à Condé-sur-Noireau.
13 — à la Chapelle, près Flers.
14 — à Bazeilles, près Domfront.
15 au 17 à Saint-Fraimbault.
17 — à la Bazouges des Alleux.
18 — à Maisoncelle.
19 — à Cherré.
20 au 21 en avant d'Angers.
22 — à La Roche-Menier.
23 — à Montreuil-Bellay.
24 février au 5 mars, Saint-Martin et Sansay, près Thouars.
5 mars, Saumur.

Le 26 mars, le 19e corps est dissous, mais la 2e brigade est maintenue sous les ordres du général de Vouges de

Chanteclair. Le 26 avril, le 9ᵉ de marche est fusionné avec le régiment des Cuirassiers de l'ex-Garde, devenu 12ᵉ *Cuirassiers*.

12ᵉ RÉGIMENT DE CUIRASSIERS

Le 12ᵉ *régiment de Cuirassiers* est formé à Saumur le 26 avril 1871, avec le 9ᵉ de marche et le dépôt des Cuirassiers de l'ex-Garde (colonel Dupressoir, lieutenant-colonel Grandin).

Le 1ᵉʳ mai, fort de 4 escadrons, il part pour le Mans. Les hommes de l'ancien corps rentrent de captivité par petits détachements, et, le 21 juin, le régiment est constitué à 6 escadrons.

Le 1ᵉʳ février 1872, à la suite de la revision des grades, un décret maintient dans leurs grades 12 officiers, en remet 13 au grade inférieur et en rend 3 à la vie civile.

Le 24 octobre 1873, le 12ᵉ *Cuirassiers* passe son 5ᵉ escadron au 23ᵉ dragons et part pour Lyon. A partir de 1874, il fait chaque année une période de manœuvres.

Du 3 au 10 septembre, sous les ordres du lieutenant-colonel Innocenti, il manœuvre avec le 14ᵉ corps entre Lyon et Bourgoin. Le 31 décembre, le colonel Dupressoir est remplacé par le colonel de Bouligny (lieutenant-colonel au 6ᵉ dragons).

Du 7 août au 4 septembre 1875, 4 escadrons vont au camp de la Valbonne.

Du 27 août au 14 septembre 1876, la 6ᵉ brigade de cuirassiers (11ᵉ et 12ᵉ) manœuvre avec la 6ᵉ division de cavalerie.

Du 7 août au 27 août 1876, nouvelle période d'instruction à la Valbonne. Le 27 octobre, le capitaine de Gapany est mis à l'ordre du corps d'armée pour sa belle conduite dans un incendie.

Du 30 août au 14 septembre 1878, manœuvres du 14ᵉ corps entre Lyon, Lagneux, Valence et Grenoble.

GÉNÉRAL DE BOULIGNY (LOUIS-ALPHONSE)
Colonel du 12ᵉ Cuirassiers de 1874 à 1885.

Du 15 avril au 7 octobre 1879, la morve oblige le 12ᵉ *Cuirassiers* à aller camper à la Valbonne.

Le 20 juin 1880, il part pour Angers, où il arrive le 15 juillet.

Du 10 août au 15 septembre 1881, manœuvres à Avor. En août 1882, manœuvres avec l'infanterie : 1ᵉʳ escadron, Nantes ; 2ᵉ, Luçon ; 3ᵉ, Vannes ; 4ᵉ, Carhaix.

Du 15 août au 13 septembre 1883, grandes manœuvres de cavalerie à Chartres.

Du 5 au 18 septembre 1884, manœuvres de la 6ᵉ brigade de cuirassiers sur le plateau à l'ouest de Moncontour.

Le 5 mai 1885, le colonel de Bouligny est nommé général de brigade ; le 13 mai il est remplacé par le colonel de Benoist, lieutenant-colonel au 19ᵉ dragons. Du 26 août au 6 septembre, manœuvres de la 6ᵉ brigade à St-Varent (Deux-Sèvres).

Du 24 août au 8 septembre 1886, manœuvres de la 6ᵉ brigade de cuirassiers à Thénezay (Deux-Sèvres).

Du 1ᵉʳ au 10 septembre 1887, manœuvres de brigade à Challandray (Vienne). Du 11 au 17 septembre, manœuvres du 9ᵉ corps d'armée. La 6ᵉ brigade de cuirassiers, avec la 10ᵉ brigade de cavalerie, forme une division sous les ordres du général Grandin, et opère de concert avec la 21ᵉ division d'infanterie, général Jamont, contre les troupes du 9ᵉ corps. Le régiment rentre à Angers le 20 septembre. Le 1ᵉʳ octobre, la 6ᵉ brigade de cuirassiers est placée à la 3ᵉ division de cavalerie, récemment formée, sous les ordres du général Bonie.

Au mois d'août 1888, la 6ᵉ brigade de cuirassiers quitte Niort et Angers pour aller tenir garnison à Lunéville. Le 12ᵉ *Cuirassiers* part le 1ᵉʳ août : ses escadrons de guerre, en 2 colonnes, arrivent à Lunéville le 28, son dépôt à Troyes le 24.

Le 20 août, la 6ᵉ brigade de cuirassiers est placée à la 2ᵉ division de cavalerie, aux ordres du général Loizillon ; elle fait ses manœuvres annuelles en septembre, à Gerbéviller, près Lunéville.

12ᵉ CUIRASSIERS (1889).   157

Voici la composition du 12ᵉ *Cuirassiers* au 1ᵉʳ juin 1889 :

ÉTAT-MAJOR

Colonel : DE BENOIST.
Lieutenant-colonel : MARÉCAUX.
Chefs d'escadrons : { DE KERGARIOU.
                        BURNOL.
Major : RIVET DE CHAUSSEPIERRE.
Lieutenant instructeur : DE PAVIN DE MONTÉLÉGIER.
Capitaine trésorier : LAVAL.
Capitaine d'habillement : LANGLAUDE.
Lieutenant adjoint au trésorier : LECHEVALLIER.
Lieutenant porte-étendard : DOULLÉ.
Médecin-major de 2ᵉ classe : LAURENT.
Médecin aide-major de classe : LAJOUE.
Vétérinaire en premier : LEPINTE.
Vétérinaire en second : NALLET.
Aide-vétérinaire : CHOBAUT.

Sous-officiers : { *Adjudants*. . . . . { SAPIENCE.
                                           PELLEGRIN.
                                           VEUJOZ.
                     Trompette-major.. POTTEREAU.

1ᵉʳ *Escadron*.

Capitaine commandant : DIÉMERT.
Capitaine en second : BERNIER.
Lieutenant en 1ᵉʳ : NOEL.
Lieutenant en 2ᵉ : GUILLIER DE SOUANCÉ.
Sous-lieutenants : { SAUVAGE DE BRANTES.
                       BEURNÉ.

Sous-officiers : { GARDEL, maréchal des logis chef.
                     NAUDIN, maréchal des logis fourrier.
                     MAGNIER, brigadier-fourrier.
                     LE GOUEST, maréchal des logis.
                     DE POMPERY,   »
                     CATHELIN,   »
                     REDIEN,   »
                     DUBEAU,   »
                     SAUVAGE,   »

2ᵉ Escadron.

Capitaine commandant : Etevez.
Capitaine en second :
Lieutenant en 1ᵉʳ : Bachard.
Lieutenant en 2ᵉ :
Sous-lieutenants : { de Gontaut-Biron.
Muller.

Sous-officiers : { Deschamps, maréchal des logis chef.
Pierron, maréchal des logis fourrier.
Meusy, brigadier-fourrier.
de Tourdonnet, maréchal des logis.
Bertrand, »
Pierrard, »
de la Thouanne, »
Quiri, »

3ᵉ Escadron.

Capitaine commandant : André-Joubert.
Capitaine en second : de la Bonninière de Beaumont.
Lieutenant en 1ᵉʳ : du Perray.
Lieutenant en 2ᵉ : Mercier.
Sous-lieutenants : { Reynart.
André.

Sous-officiers : { Deslogeais, maréchal des logis chef.
Jacquemin, maréchal des logis fourrier.
Rœser, brigadier fourrier.
de Pindray, maréchal des logis.
Baron, »
Giraudon, »
Moreau, »
Sauvegrain, »
Gaudechoux, »

4ᵉ Escadron.

Capitaine commandant : Tillette de Clermont-Tonnerre.
Capitaine en second : Bullot.
Lieutenant en 1ᵉʳ : Aubier de Condat.
Lieutenant en 2ᵉ : de Place.
Sous-lieutenants : { d'Aymard de Chateaurenard.
Vallet de Villeneuve-Guibert.

12ᵉ CUIRASSIERS.

Sous-officiers :
- Albanel, maréchal des logis chef.
- Couscher de Champfleury, m. d. log. f.
- de Charrette, brigadier fourrier.
- Huillier, maréchal des logis.
- Bretault, »
- Coulon, »
- Huchon, »
- Chabot, »
- Morice, »

5ᵉ *Escadron* (à Troyes).

Capitaine commandant : Moitrier.
Capitaine en second : Le Prieur de Rocquemont.
Lieutenant en 1ᵉʳ : de Tanouarn.
Sous-lieutenant : Gorenflaux de la Giraudière.

Sous-officiers :
- Brangeon, maréchal des logis chef.
- de Grovestins, maréchal des logis four.
- Worms de Romilly, brigadier fourrier.
- Richard d'Aulnay, maréchal des logis.
- Chobaut, »
- Bourke, »
- Coutolleau, »
- Boué, »
- d'Onsembray... ⎫
- Hamon...... ⎬ Élèves officiers.
- d'Hérail de Brisis ⎭

Peloton hors rang. Sous-officiers.

Kauffmann, maître armurier.
Réveillon, maître sellier.
Bickel, maître d'armes.
Chassat, maréchal des logis.
Letourneur, maréchal des logis.

Lieutenant surnuméraire : Hannonet de la Grange.

Officiers de réserve :
- Déan de Saint-Martin sous-lieutenant.
- Lefebvre, »
- Bordier, »

ORGANISATION

Le régiment des Cuirassiers de la Garde fut organisé conformément à l'ordonnance royale du 19 février 1831, c'est-à-dire à 6 escadrons.

L'escadron compte 6 officiers, 148 sous-officiers et cavaliers dont 3 trompettes, et 125 chevaux de troupe. Le régiment compte 50 officiers avec 72 chevaux, 948 hommes et 757 chevaux de troupe. Par la même ordonnance il est créé un peloton hors rang, où sont réunis avec le petit état-major, les sous-officiers et cavaliers employés dans les ateliers et bureaux. De plus chaque escadron aura 32 cavaliers de 1re classe.

Le 20 décembre 1865. — Le régiment, réduit à 4 escadrons, est fusionné avec le 2e cuirassiers de la Garde, et formé à 8 escadrons à l'effectif de 1258 hommes et 924 chevaux; le 6 février 1867, il est remis à 6 escadrons.

Le 26 avril 1871. — Le dépôt, fusionné à Saumur avec le 9e de marche de cuirassiers, forme le 12e *Cuirassiers* (4 escadrons).

Le 21 juin 1871. — Le 12e *Cuirassiers* est constitué à 6 escadrons.

Le 24 octobre 1873. — Il passe un escadron au 23e dragons.

La loi sur les cadres et les effectifs, fixe ainsi la composition des régiments de cuirassiers; 1 état-major, 5 escadrons et 1 peloton hors rang.

ÉTAT-MAJOR.

1 Colonel, 1 lieutenant-colonel, 2 chefs d'escadrons, 1 major, 1 capitaine instructeur, 1 capitaine trésorier, 1 officier d'habillement, 1 lieutenant ou sous-lieutenant adjoint au Trésorier, 1 porte-étendard, 1 médecin-major de 2e classe, 1 médecin aide-major, 1 vétérinaire en 1er, 1 vétérinaire en 2e, 1 aide-vétérinaire.

12ᵉ CUIRASSIERS.

Petit état-major.

2 Adjudants, 1 vaguemestre, 1 trompette major, 1 brigadier trompette.

Peloton hors rang.

1 Chef armurier, 5 maréchaux des logis, 1 brigadier fourrier, 9 brigadiers, 16 cavaliers, 1 enfant de troupe.

Escadrons.

1 Capitaine commandant, 1 capitaine en 2ᵉ, 2 lieutenants, 2 sous-lieutenants, 1 maréchal des logis chef, 6 maréchaux des logis, 1 maréchal des logis fourrier, 12 brigadiers, 1 brigadier maréchal, 2 aides-maréchaux, 4 trompettes, 122 cavaliers, dont 32 de 1ʳᵉ classe, et 3 ouvriers (sellier, tailleur, bottier), 2 enfants de troupe.

Sur le pied de guerre l'escadron a en plus 1 lieutenant ou sous-lieutenant auxiliaire, 2 maréchaux des logis, et 4 brigadiers.

Uniformes — Étendards

L'uniforme du 1ᵉʳ régiment des cuirassiers de la Garde était ainsi composé : capote tunique en drap bleu foncé; collet, pattes de parements et doublure de jupes écarlates; boutons blancs à aigle; épaulettes et aiguillettes en fil blanc, pantalon de grande tenue en croisé de laine blanc mat demi-collant, pantalon garance, passepoils bleu foncé; manteau à drap garance; casque en acier à cimier de cuivre; crinière noire flottante, plumet écarlate; buffleterie blanche, giberne à aigle; bottes de grande tenue à hautes tiges raides avec éperons à la chevalière; bottes de petite tenue du modèle général; cuirasse en acier.

Le 2ᵉ cuirassiers de la Garde portait la même tenue, mais le bleu clair y remplaçait le bleu foncé.

L'étendard des cuirassiers de la Garde est tricolore,

brodé d'or à l'initiale et aux emblèmes impériaux, et porte ces mots: « Garde impériale. — L'empereur Napoléon III au « régiment des cuirassiers ».

A sa formation, le 12ᵉ *Cuirassiers* prit l'uniforme des autres corps de la même arme : tunique bleu foncé, à jupe longue, se retroussant à cheval, collet écarlate numéroté.

Le 15 juillet 1880, une décision ministérielle prescrivit à titre d'essai la suppression de la cuirasse aux six régiments de cuirassiers pairs ; on la leur rendit le 29 avril 1883.

En 1884, les cuirassiers prennent la nouvelle tenue ; tunique ample à jupe courte ne se retroussant pas à cheval, ceinturon en dessous.

L'étendard du 12ᵉ *Cuirassiers* porte les mots suivants : Austerlitz, Iéna, la Moskowa, Solférino.

Fasse le ciel qu'une nouvelle victoire vienne bientôt s'y ajouter : le régiment est prêt à payer de tout son sang la gloire de l'y inscrire.

LES

OFFICIERS DU RÉGIMENT

MESTRES DE CAMP ET COLONELS

1668. Marquis de la VALLIÈRE (N. de la Baume le Blanc). Frère de la favorite de Louis XIV; capitaine lieutenant des Chevau-légers Dauphins, fut chargé par le roi, le 24 mars 1668, d'organiser le régiment *Dauphin-Cavalerie*.

1669. Marquis de SAINT-GELAIS (Charles de Lusignan). Fit la campagne de 1667 comme mousquetaire; leva une compagnie de chevau-légers en 1668; nommé mestre de camp lieutenant du régiment *Dauphin-Cavalerie*, le 15 avril 1668. Il le commanda aux sièges d'Orsoy, de Rhinberg et de Doesbourg, et au passage du Rhin en 1672, au siège de Maëstricht en 1673. Il servit volontaire à la conquête de la Franche-Comté et commanda son régiment à la bataille de Séneffe en 1674; aux sièges de Dinant, Huy et Limbourg, en 1675; à la prise de Condé, Bouchain, au siège d'Aire, au secours de Maëstricht en 1676. Brigadier le 25 février 1677, il servit aux sièges de Valenciennes et de Cambrai la même année, à ceux de Gand et d'Ypres et à la bataille de Saint-Denys près Mons en 1678; au camp d'Artois en 1680, au camp de la Sarre en 1681 et 1682, à l'armée de Flandre qui couvrit le siège de Luxembourg en 1684. Maréchal de camp le 24 août 1688, il se démit du régiment *Dauphin* en mars 1689. Tué à Valcourt le 25 août 1689, après avoir attaqué trois fois l'ennemi. (Pinard.)

1689. Marquis de MURÇAY (Philippe de Valois de Villette). Cornette des chevau-légers de la garde en 1684; élevé au rang de mestre de camp de cavalerie en 1688, il obtint par commission du

18 mars 1689 le régiment *Dauphin-Cavalerie* et se démit de sa cornette. Il servit la même année en Allemagne sous le maréchal de Duras, d'où il passa à l'armée commandée par le maréchal de Lorges, pour le secours de Mayence; à l'armée d'Allemagne sous Monseigneur en 1690; au siège de Mons, puis à l'armée d'Allemagne sous le maréchal de Lorges en 1691; au siège et à la prise des ville et château de Namur, au combat de Steinkerke en 1692; à l'armée d'Allemagne sous Monseigneur en 1693. Brigadier le 28 avril 1694, il fut employé à l'armée d'Allemagne sous les maréchaux de Lorges et de Joyeuse cette année et la suivante; sous le maréchal de Choiseul en 1696 et 1697. Il se distingua particulièrement cette dernière année à un combat de fourrageurs. Envoyé à l'armée d'Italie le 21 juin 1701, combattit à Chiari; inspecteur général de la cavalerie le 1er août 1701, le fut jusqu'à sa mort. Maréchal de camp le 29 janvier 1702, lieutenant général le 10 février 1704. Blessé à Turin le 7 septembre 1706, il mourut de ses blessures le 9 novembre. (Pinard).

1702. Marquis de COSTENTIN. Nommé mestre de camp de *Dauphin-Cavalerie* le 1er mai 1702, le commanda à l'armée d'Italie jusqu'en 1706 (bataille de Luzzara, combat de Quarantoli, de Castelnovo, siège de Verceil, de Verrue, combat de Cirié, de Calcinato).

1706. Marquis de VANDEUIL. Nommé mestre de camp de *Dauphin* le 28 avril 1706, commanda le régiment à l'armée d'Italie cette même année; à l'armée du Rhin sous le maréchal de Villars en 1707, à l'armée de Flandre avec le duc de Bourgogne en 1708 (bataille d'Oudenarde); à la même armée avec le maréchal de Villars en 1709, 1710 et 1711 (bataille de Malplaquet). Mort au commencement de 1712.

1712. Duc D'HARCOURT (François). Né le 6 novembre 1689; était marquis d'Harcourt jusqu'à la mort de son père en 1718 et possédait déjà un régiment. Le roi lui donna le régiment *Dauphin* par commission du 9 avril 1712. Il se démit de celui dont il était pourvu et servit à l'armée du Rhin sous son père, qui n'entreprit rien. Obtint la lieutenance générale du gouvernement de Franche-Comté le 21 juillet 1712. Servit en 1713 sur le Rhin à la prise de Spire, Worms, Kaiserslautern qui ouvrirent leurs portes, au siège de Landau rendu le 20 août, à la défaite du général Vaubonne dans ses retranchements le 20 septembre, à la prise de Fribourg le 1er novembre, du château le 16. Il se démit du régiment *Dauphin* en 1716 et eut la 3e compagnie française des gardes du corps le 26 juin 1718. Maréchal de camp le 24 avril 1727; lieutenant général des armées du roi le 1er août 1734; maréchal de France le 19 octobre 1746. Mort le 11 juillet 1750. (Pinard.)

1716. Marquis de BRETONVILLIERS (Bénigne le Ragois). Mousquetaire en 1712. Capitaine à *Royal-Cravates* en 1716, mestre de camp de *Dauphin* la même année ; commanda son régiment à la campagne d'Espagne en 1719 ; aux sièges de Pizzighettone et du château de Milan en 1733 ; de Tortone et Novare en 1734. Nommé brigadier le 20 février 1734 à l'armée d'Italie, s'y trouve aux batailles de Parme et Guastalla, aux sièges de la Mirandole, Reggio, Revere, Reggiolo, Governola. Revient en France en septembre 1736 ; maréchal de camp le 1er mars 1738, se démet du régiment *Dauphin*. Mort le 27 août 1760, à 70 ans. (Pinard.)

1738. Marquis de VOLVIRE. Nommé le 15 avril 1738 mestre de camp de *Dauphin-Cavalerie*. Sert en 1741 à l'armée de Westphalie sous le maréchal de Maillebois, prend part au secours de Braunau en 1742, au ravitaillement d'Egra en 1743. Passe à l'armée d'Italie en 1744 ; commande son régiment la même année au siège de Demonte, à la bataille de Borgo, où il se fait remarquer ; à la bataille de Bassignano en 1745, de Plaisance et du Tidone en 1746.

1747. Marquis de MARBOEUF. Mousquetaire en 1738. Lieutenant réformé au régiment du Roi en 1741 ; Lieutenant en 2e en 1742 ; capitaine aux cuirassiers du Roi en 1746. Mestre de camp de *Dauphin* le 3 mars 1747 et menin du Dauphin. Commande son régiment à l'armée d'Italie cette année et la suivante jusqu'à la paix. Mestre de camp du régiment de dragons Marbœuf le 11 juillet 1753, il se démit de *Dauphin*. Brigadier le 15 octobre 1758, maréchal de camp le 20 février 1761.

1753. Comte de PÉRIGORD (Gabriel-Marie de Talleyrand). Né le 1er octobre 1726. Enseigne à *Normandie* en 1741. Lieutenant en 1744 avec rang de capitaine. Colonel de *Normandie* en 1745 ; menin du Dauphin en 1749. Gouverneur lieutenant général baillif de Bary et d'Issoudun en 1752. Mestre de camp de *Dauphin* le 11 juillet 1753, commande le régiment au camp de Richemont en 1755. Brigadier le 23 juillet 1756 ; grand d'Espagne en 1757. Sert à l'armée d'Allemagne en 1757, se trouve à la bataille d'Hastembeck, à la prise de Minden et de Hanovre, à la course sur les ennemis vers Zell en 1757, à la bataille de Crefeld en 1758. Maréchal de camp le 20 février 1761, a été employée à l'armée d'Allemagne cette année et la suivante et s'est démis du régiment *Dauphin* en janvier 1762. (Pinard.)

1761. Baron de TALLEYRAND-PÉRIGORD (Louis-Anne-Marie). Neveu du comte de Périgord. Nommé mestre de camp de *Dauphin* le 26 novembre 1761 ; le commande en 1762 à l'armée d'Allemagne et prend part au combat de Wilhelmsthal.

1763. Marquis de VIBRAYE (Louis Hurault). Mestre de camp du régiment *Dauphin-Étranger*, incorporé en 1761 à *Dauphin-Cavalerie*. Nommé mestre de camp de *Dauphin* le 1er mars 1763. Brigadier en 1770.

1780. Marquis de TOULONGEON (Hippolyte-Jean-René). Nommé mestre de camp en 2e à *Dauphin* le 13 avril 1776, passe mestre de camp en 1er en 1780. Brigadier la même année.

1782. Comte de DURFORT (Félicité-Jean-Louis). Mestre de camp en 2e des cuirassiers du Roi. Nommé mestre de camp de *Dauphin* le 11 novembre 1782.

1784. Vidame de VASSÉ (Alexis-Bruno-Étienne). Né le 20 avril 1753. Chevalier de Saint-Louis en 1785. Sous-lieutenant au régiment d'infanterie de Navarre en 1770 avec rang de capitaine ; attaché au corps de la cavalerie en 1773. Colonel en 2e du régiment de Bretagne le 3 juin 1779. Nommé mestre de camp de *Dauphin* le 1er janvier 1784, a pris le titre de colonel en 1788, conformément à l'ordonnance du 17 mars.

Comte de POLASTRON (Denis-Gabriel-Adhémar). Né le 13 avril 1760. Second sous-lieutenant surnuméraire au régiment d'infanterie du Roi en 1776. Passé à celui de cavalerie du Roi en 1778. Rang de capitaine en 1779. Mestre de camp en 2e le 1er janvier 1784 ; nommé colonel attaché le 3 mai 1788.

1791. Chevalier de LAUNAY DE VALLERIE (Charles-Michel Cordier de Montreuil). Né à Paris le 8 juillet 1754. Rang de sous-lieutenant sans appointements dans la légion royale en 1770. Rang de capitaine en 1773. Capitaine en 2e dans l'escadron de chasseurs passé au régiment ; colonel général des dragons en 1776. Capitaine commandant au 1er régiment de chasseurs à cheval le 8 avril 1779. Major à *Dauphin* le 12 novembre 1780. Lieutenant-colonel le 14 septembre 1788 ; a donné sa démission ; replacé le 16 mars 1791. Colonel du 12e *de Cavalerie* le 25 juillet 1791. Passé colonel au 10e chasseurs le 1er septembre 1791. Chevalier de Saint-Louis en 1789.

1792. DE TAUZIA DE LA LITTERIE (Charles-Durand). Né le 8 mars 1738. Chevau-léger de la garde du Roi en 1754. Capitaine au 14e dragons en 1759, réformé en 1763. Replacé à une compagnie d'augmentation en 1772. Capitaine commandant en 1776. Rang de major en 1782. Chef d'escadrons le 1er mai 1788. Lieutenant-colonel de *Dauphin* le 25 juillet 1791. Colonel du 12e *de Cavalerie* le

MESTRES DE CAMP ET COLONELS. 167

16 mai 1792. Commande le régiment à l'armée du Rhin sous le général Custine en 1792 et 1793. Dénoncé pour propos inciviques et fusillé le 3 novembre 1793 par ordre des représentants du peuple Saint-Just et Lebas.

1793. VRIGNY. Adjoint à l'état-major de l'armée du Rhin. Lieutenant-colonel au 12ᵉ de *Cavalerie* le 26 octobre 1792. Colonel le 26 janvier 1793.

1793. COLARD (Jean-Baptiste). Né le 18 octobre 1730. Cavalier au régiment de Condé. Entré à *Dauphin* en 1754 ; porte-étendard le 21 mars 1783. Lieutenant surnuméraire le 16 novembre 1789. Lieutenant le 23 janvier 1792. Capitaine le 20 avril 1792. Chef d'escadrons le 30 mai 1793. Chef de brigade le 4 novembre 1793. Chevalier de Saint-Louis en 1791. Commande le régiment à l'armée du Rhin en 1794 et 1795.

1795. VERREAUX (Jean). Né le 6 avril 1740 à Belnot en Bourgogne. Cavalier à *Dauphin* le 1ᵉʳ mai 1761. Sous-lieutenant le 1ᵉʳ avril 1791. Lieutenant le 20 avril 1792. Capitaine le 26 octobre 1792. Chef d'escadrons en 1794. Chef de brigade le 5 juillet 1795. Destitué par arrêté du Directoire en 1796, réintégré la même année et envoyé à la suite du régiment.

1796. BELFORT (Jacques-Renard). Né le 26 décembre 1753 à Tinay en Lorraine. Cavalier à *Royal-Normandie* en 1770. Porte-étendard en 1789. Sous-lieutenant le 1ᵉʳ avril 1791. Lieutenant le 17 juin 1792. Capitaine le 12 mai 1793. Chef d'escadrons le 10 novembre 1793. Chef de brigade le 21 novembre 1793. Chef de brigade au 12ᵉ de *Cavalerie* le 1ᵉʳ mai 1796. Général de brigade commandant d'armes de 3ᵉ classe le 24 décembre 1805. Retraité en 1815, mort en 1819. Chevalier de la Légion d'honneur le 9 décembre 1803. Officier le 13 juin 1804. Commandeur le 24 décembre 1805. A fait toutes les campagnes de la Révolution sans interruption. Commande le 12ᵉ de *Cavalerie* sur le Rhin en 1796, 1797 et 1800, et en 1805, à Wertingen et Austerlitz.

1805. BARON DORNÈS (Joseph-Philippe-Marie). Né à Camboulas le 28 janvier 1760. Cavalier à *Royal-Navarre* en 1778. Sous-lieutenant le 25 janvier 1792. Lieutenant le 17 juin. Capitaine le 26 janvier 1793. Chef d'escadrons le 1ᵉʳ juin; passé au 23ᵉ de cavalerie en 1801; réformé en 1803. Replacé chef d'escadrons au 1ᵉʳ cuirassiers en 1803. Major la même année, colonel au 12ᵉ *Cuirassiers* le 27 décembre 1805. Général de brigade le 30 août 1809. Mort à Wilna le 29 novembre 1812. Chevalier de la Légion d'honneur en 1805, officier le 14 mai 1807. Baron de l'Empire avec dotation en Westphalie le 19 mars 1808. Commande le régiment aux campagnes de Prusse et Pologne en 1806 et 1807 ; se distingue à Friedland en 1807, à Eckmühl, Essling et Wagram en 1809. Commande une brigade à la Moskowa en 1812.

1809. DE CURNIEU (Jean-Louis Matheron). Né le 29 juillet 1776 à Lisbonne. Cavalier au 9ᵉ dragons en 1798. Sous-lieutenant le 21 octobre 1800. Lieutenant le 17 décembre 1801. Aide de camp du général Sébastiani en 1801. Passé près du prince de Neufchâtel en 1806. Chef d'escadrons le 11 juillet 1807. Passé la même année au 1ᵉʳ dragons. Aide de camp du prince de Neufchâtel 9 juin 1808. Adjudant-commandant le 30 mai 1809. Colonel du 12ᵉ *Cuirassiers* le 3 août 1809. Prisonnier de guerre en Russie le 21 novembre 1812. Mort à Witepsk le 2 février 1813. Chevalier de la Légion d'honneur. Campagnes : 1799 et 1800 en Italie; 1805 Autriche; 1806, 1807 Prusse et Pologne ; 1809 Autriche; 1812 Russie.

1813. CHEVALIER DAUDIÈS (Michel-Jean-Paul). Né le 29 septembre 1763 à Perpignan. Soldat au régiment de Vermandois en 1785. Sous-lieutenant le 12 février 1792. Lieutenant le 15 octobre 1792. Capitaine à la 122ᵉ demi-brigade le 1ᵉʳ juillet 1794. Adjoint aux adjudants généraux en 1796. Capitaine au 1ᵉʳ régiment de cavalerie en 1797. Chef d'escadrons au 10ᵉ cuirassiers le 4 octobre 1806. Major au 12ᵉ *Cuirassiers* le 7 avril 1809. Colonel le 29 mars 1813. Chevalier de la Légion d'honneur en 1804, officier en 1813. Chevalier d'Empire le 9 janvier 1810. A fait toutes les campagnes de la Révolution et de l'Empire; blessé d'une balle au bras gauche le 10 novembre 1795 et d'un éclat d'obus à la jambe gauche le 7 août 1796 entre Trente et Bassano ; deux chevaux tués sous lui à Dresde et deux autres à Leipzig en 1813. Passé en 1793 à l'état-major de l'armée des Pyrénées-Orientales ; fait prisonnier de guerre en Espagne et à sa rentrée, après 28 mois, employé à l'état-major de l'armée d'Italie. A commandé le 12ᵉ *Cuirassiers* en Allemagne du 17 janvier au 1ᵉʳ septembre 1810 ; a commandé la brigade aux batailles de Dresde et de Leipsick, et la division à la retraite de Worms jusqu'à Metz, du 1ᵉʳ au 16 janvier 1814, formant l'arrière-garde du duc de Raguse. A commandé le fort de Bain après un blocus et un siège de 54 jours. Passé dans ses foyers le 25 avril 1815.

STRUB (François-Xavier). Né le 15 septembre 1768 à Rosenville (Bas-Rhin). Dragon au 4ᵉ régiment en 1786. Sous-lieutenant en avril 1793. Colonel à la suite du 12ᵉ *Cuirassiers* en 1813. Officier de la Légion d'honneur en 1806. Chevalier de Saint-Louis. Retraité à Lille en 1815. Toutes les campagnes de la Révolution et de l'Empire; a eu 3 chevaux tués sous lui et 5 blessures, la dernière à Dornbourg en 1813.

1815. THUROT (Charles-Nicolas). Né le 29 mars 1773 à Brissole (Allier). Cadet au régiment *Angoulême* en 1790. Garde de Louis XVI en 1791. Sous-lieutenant de la cavalerie légère des Francs le 22 septembre 1796; au 8e hussards en 1797, lieutenant en 1799. Capitaine en 1801. Chef d'escadrons le 22 novembre 1808. Colonel du 8e hussards le 15 octobre 1813. Colonel du 12e *Cuirassiers* le 22 avril 1813. Toutes les campagnes de la Révolution et de l'Empire. A commandé la brigade à Waterloo, le général Travers étant blessé; se signale en emportant plusieurs batteries et en sabrant 4 carrés d'infanterie anglaise.

SALLE (Charles-Alexandre). Né à Pont-à-Mousson (Meurthe) le 9 avril 1798. Engagé au 1er lanciers le 1er avril 1817. Lieutenant 1er avril 1821. Au 20e chasseurs en 1823. Capitaine adjudant-major au 2e carabiniers 27 juillet 1825. Capitaine commandant le 22 août 1830. Major au 7e dragons 24 août 1838. Lieutenant-colonel au 7e lanciers le 12 février 1845. Colonel au 6e cuirassiers le 19 décembre 1848; aux *Cuirassiers de la Garde* le 1er mai 1854. Brigadier le 11 juin 1855. Mort à Pont-à-Mousson le 2 décembre 1861. Chevalier de la Légion d'honneur le 12 juin 1832; officier le 23 septembre 1850; commandeur le 29 décembre 1854. Campagnes : Espagne 1832; Paris 1851.

AMEIL (Alfred-Frédéric-Philippe-Auguste-Napoléon). Né le 8 novembre 1810 à Saint-Omer. Saint-Cyr 1827. Sous-lieutenant au 12e d'infanterie légère le 1er octobre 1829; au 1er cuirassiers le 1er octobre 1832. Lieutenant le 30 mai 1837. Capitaine instructeur au 13e chasseurs le 15 octobre 1840. Chef d'escadrons au 1er cuirassiers le 23 février 1847; au 2e hussards en 1847. Lieutenant-colonel au 3e chasseurs d'Afrique le 3 novembre 1851. Colonel au 7e cuirassiers le 8 novembre 1853; aux *Cuirassiers de la Garde* le 23 juin 1855. Brigadier le 12 avril 1861. Général de division le 26 février 1870. Dans la réserve le 8 novembre 1875; retraité le 10 octobre 1878. Mort à Versailles le 12 mars 1886. Campagnes : 1847, 1851, 1852, 1853, Afrique; 1859 Italie; 1870 Afrique; 1870-1871 Allemagne. Cité le 13 juillet 1852 pour une charge à l'affaire de Calâa. Chevalier de la Légion d'honneur le 10 décembre 1849; officier le 8 octobre 1857; commandeur le 14 mars 1860; grand officier le 3 août 1875.

GUÉRIN BARON DE WALDERSBACH (Jean-Jacques-Guillaume). Né le 9 décembre 1803 à Coblentz. Saint-Cyr 1821. Sous-lieutenant le 1er octobre 1823 au 4e d'infanterie légère; au 3e chasseurs en 1824. Lieutenant le 27 septembre 1830. Capitaine adjudant-major le 14 décembre 1835. Capitaine-commandant le 15 mai 1841. Major au 5e chasseurs le 28 août 1846. Lieutenant-colonel au 10e cuirassiers, 10 mai 1852. Passé au 3e spahis. Colonel au 3e spahis le 21 mars 1855; au 1er régiment de *Cuirassiers de la Garde* le 12 août 1861. Brigadier le 12 août 1862. Section de réserve en 1865. Mort à Guentrange près Thionville le 19 juillet 1877. Campagnes de 1852 à 1861 en Afrique; 1870-1871. Chevalier de la Légion d'honneur le 19 avril 1843; officier le 16 juillet 1853; commandeur le 7 août 1859.

TIXEDOR (Gandérique-Jacques-Antoine-Julien-Joseph). Né le 27 juin 1804 à Prades. Saint-Cyr, 1822. Sous-lieutenant au 14e chasseurs le 26 septembre 1827. Lieutenant le 8 octobre 1830. Capitaine le 14 novembre 1833. Chef d'escadrons au 1er carabiniers le 22 avril 1847. Lieutenant-colonel au 10e dragons le 22 octobre 1851. Passé au 3e hussards. Colonel au 7e cuirassiers le 23 juin 1855; au 1er *Cuirassiers de la Garde* le 11 août 1862. Mort à Compiègne le 23 décembre 1862. Campagnes : 1844, 1845, 1846 en Afrique. Chevalier de la Légion d'honneur le 25 juin 1849; officier le 24 septembre 1857.

De LAROCHE TOURTEAU DE SEPTEUIL (Achille-Armand). Né le 27 décembre 1812 à Paris. Saint-Cyr, 1831. Sous-lieutenant au 51e de ligne, 27 décembre 1833; au 1er hussards en 1834: au 4e chasseurs en 1835. Lieutenant au 8e hussards, 23 décembre 1840. Capitaine adjudant-major, 10 février 1843. Capitaine 21 novembre 1846. Chef d'escadrons au 10e chasseurs, 10 mai 1852; aux *Cuirassiers de la Garde*, 1854. Lieutenant-colonel au 9e dragons, 11 mars 1857. Colonel du 10e chasseurs, 12 mai 1860; du 1er lanciers, 21 mai 1860; du 1er *Cuirassiers de la Garde*, 3 janvier 1863. Général de brigade, 14 décembre 1868. Chevalier de la Légion d'honneur le 27 novembre 1853; officier le 30 novembre 1863. Campagnes : 1839 et 1840 en Algérie.

DUPRESSOIR (Charles-François-Antoine). Né le 24 novembre 1816 à Toul. Saint-Cyr, 1836, Sous-lieutenant au 11e dragons, 1er octobre 1838. Lieutenant, 15 avril 1842. Capitaine, 5 mars 1847. Chef d'escadrons au 9e dragons, 21 février 1855; au 1er régiment de carabiniers, 1855. Lieutenant-colonel au 5e cuirassiers, 12 août 1861. Colonel au 10e cuirassiers, 12 août 1866; aux *Cuirassiers de la Garde*, 19 décembre 1868. Campagnes de 1849 à 1855 en Italie; 1870 contre l'Allemagne. Blessé le 16 août 1870 à Gravelotte, au menton. Chevalier de la Légion d'honneur le 10 août 1853; officier le 13 mars 1864; commandeur le 23 avril 1871. Mis en non-activité pour infirmité temporaire le 27 octobre 1874, retiré au château du Plessis près le Mans.

De BOULIGNY (Louis-Alphonse). Né le 18 février 1828 à Bainville-sur-Madon (Meurthe). Saint-Cyr, 1846. Sous-lieutenant au 4ᵉ chasseurs, 28 mai 1848; 4ᵉ cuirassiers, 1850. Lieutenant, 2 mai 1853. Capitaine, 30 mai 1855. Capitaine instructeur à l'école de cavalerie, 1855. Major au 6ᵉ chasseurs, 13 août 1865; à l'école de cavalerie, 1867. Lieutenant-colonel du 5ᵉ mixte de cavalerie de ligne, 23 octobre 1870. Lieutenant-colonel du 6ᵉ dragons, 13 avril 1871. Colonel au 12ᵉ *Cuirassiers*, 31 décembre 1874. Général de brigade le 3 mai 1885. Campagnes : 1865, 1866, 1867 Afrique; 1870 Allemagne. Chevalier de la Légion d'honneur, 28 décembre 1867; officier, 3 février 1880.

Baron de BENOIST (Henri-Gaspard-Marie). Né le 13 mai 1839 à Waly (Meuse). Saint-Cyr, 1857. Sous-lieutenant au 1ᵉʳ cuirassiers, 1ᵉʳ octobre 1859. Lieutenant, 6 janvier 1865. Capitaine instructeur, 8 janvier 1868. Capitaine adjudant-major au 12ᵉ *Cuirassiers*, 1ᵉʳ novembre 1870. Capitaine, 28 novembre 1870 ; au 2ᵉ cuirassiers, 1ᵉʳ avril 1871. Chef d'escadrons au 2ᵉ chasseurs d'Afrique, 8 octobre 1875. Lieutenant-colonel au 19ᵉ dragons, 15 avril 1881. Colonel au 12ᵉ *Cuirassiers*, 13 mai 1885. Campagnes : 1870-1871 ; Afrique 1875 à 1881. Chevalier de la Légion d'honneur, 12 juillet 1880.

TABLEAU D'HONNEUR
DU 12ᴱ CUIRASSIERS.

DAUPHIN-CAVALERIE

COMBATS	OFFICIERS		CAVALIERS	
	TUÉS	BLESSÉS	TUÉS	BLESSÉS
Séneffe, 11 août 1674.		De Laforcade, capitaine-major. De Cornélius, capitaine. De Sautour capitaine. De Salle de Rochetelle, cornette. De Sérizy, cornette.		Milly, maréchal des logis.
Quarantoli, 11 juin 1703.	De Mérieux, capitaine. De Rassal, capitaine. 4 lieutenants.	De Locmaria, capitaine.	120 cavaliers.	
Bataille du Tidone, 10 août 1746.	De Cottet, lieutenant.	De Brantès, major. De Mesples, capitaine. De Monchal, lieutenant. Charles, lieutenant. Loys, lieutenant.	3 maréchaux des logis.	1 maréchal des logis.
Crefeld, 23 juin 1758.		De Crancé, capitaine.		15 cavaliers.

12ᴱ DE CAVALERIE

COMBATS	OFFICIERS		CAVALIERS		CITATIONS
	TUÉS	BLESSÉS	TUÉS	BLESSÉS	
Stromberg, 27 mars 1793.	1 capitaine.		quelques cavaliers.		
Herxheim, 17 mai 1793.	1 officier.		45 hommes. Capé-Prevost brigadier. Robin-Cantin	2	Meneret, cavalier.
Brumpt, 18 octobre 1793.					A. Mignon, cavalier.
Haguenau, 31 octobre 1793.					Bourgetti, lieutenant.
Gamsheim, 2 novembre 1793.			Finabre, adjudant.		
La Reehut, 23 mai 1794.			5 cavaliers.		
Schweigenheim 28 mai 1794.		Sellier, capitaine.			
Spire, 1ᵉʳ juillet 1794.	1 capitaine.		60 hommes.		Deliteau, mar. d. l. ch.
Frenkenthal, 11-13 nov. 1795.	Lamiral, lieutenant.	Verreaux, chef de brig. Dubessy, capitaine. Ebert, lieutenant. Cottin, chef d'escad.	25 hommes.		Ebert, lieutenant.
Philipsbourg, 15 nov. 1799.			Viennot.		
Engen, 3 mai 1800.			6 hommes.		Morel, brig. Lefetz, lieut'
Hohenlinden, 2 décembre 1800.			Bailly.	3	Christophe, chef d'escadr. Lequay, capitaine.

12ᴱ CUIRASSIERS

COMBATS	OFFICIERS		CAVALIERS	
	TUÉS	BLESSÉS	TUÉS	BLESSÉS
Austerlitz, 2 déc. 1805.		Vezin, lieutenant. Mort de ses blessures.	3 hommes.	
Friedland, 14 juin 1807.	Sellier, chef d'escadrons. Lefelz, capitaine. Bertin, capitaine. Ractmadoux, capitaine. Mestre, lieutenant. Courtot, sous-lieutenant. Huchet, sous-lieutenant.	Pfister, capitaine.	Sellier, mar. des logis. Ruder, cav. Letz, cav. Beck, cav. Yoche, cav. Brenet, cav. Bazin, cav. Chazot, brig. Michel, brig. Fèvre, brig. Bourcier, mar. des logis. Hiedenschneider, mar. des logis. Bernard, cav. Billote, cav. Dubois, cav. Berloquin, c. Mille, cav. Dubouillon, brigadier. Cassut, cav. Sprikmann, brigad. fourrier Bitton, cav. Denéef, cav. Guillaume, c. Guillemain, c.	
Eckmühl, 22 avril 1809.		Ducheylard, sous-lieutenant. Lefelz, lieutenant. Gérard, lieutenant.	Avenet, brigadier.	79 hommes. Dubusse. Plus tard lieutenant.
Essling, 21-22 mai 1809.	Goldemberg, lieutenant. Viallet, sous-lieutenant.	Lequay, chef d'escadrons.	Brillard, cav. Schrœder, tr Dautecourt, c.	

COMBATS	OFFICIERS		CAVALIERS	
	TUÉS	BLESSÉS	TUÉS	BLESSÉS
Essling (suite)	Vaingdroye, sous-lieutenant.		Viallet, ✳, mar. des logis. Jacquelot, c. Mousset, cav. Caillot, cav. Hutte, cav. Lhuillier, cav. Deboutrider, Pion, brig. Briolet, cav. Peureux, cav. Vauthier, cav. Moyer, cav. Goulay, cav. Caperon, cav. Legrand, cav.	
Wagram, 6 juillet 1809.	Crave, sous-lieutenant. Foidefont, sous-lieutenant.	Longuet, sous-lieutenant. Lefelz, sous-lieutenant. Perrotel, sous-lieutenant.	Blaise, mar. des logis. Hirstel, ✳, mar. des logis. Tobler, mar. des logis Montry, cav. Daniel, cav. Massy, cav. Baudoux, cav. Olivier, cav. Livenais, c.	
Moskowa, 7 septem. 1812		Longuet, lieutenant. De Rouot, lieutenant. Fournier, sous-lieutenant. Forceville, sous-lieutenant	Schektel, mar. des logis. Scher, ✳, mar. des logis. Salsèche, mar. des logis. Ruche, brig. Poulin, cav. Everhard, c.	
Kokanov, 21 novem. 1812	Derost, capitaine. Sellier, capitaine. Malherbe, sous-lieutenant.	De Curnieu, colonel. Mort en captivité. Laguay, capitaine. Dijols, capitaine. De Rouot, lieutenant. Perrottel, sous-lieutenant.		
Retraite de Russie.	Lenormand de Flajac, s.-l. (23 novem.)	Lamiral, lieut. Resté à Elbing, 1ᵉʳ janvier 1813.		

12ᵉ CUIRASSIERS.

COMBATS	OFFICIERS		CAVALIERS	
	TUÉS	BLESSÉS	TUÉS	BLESSÉS
Retraite de Russie (*suite*).	Colinet, sous-lieutenant. (23 novem.) Cerveau, chirurgien-major. (1ᵉʳ déc.) Ghilini, sous-lieutenant. (8 décembre.) Chardin, sous-lieutenant. (8 décembre.) Dambrun, chef d'escadrons. (10 décembre.) Besnard, capitaine. (Kowno.)	Fayols, sous-lieutenant. Resté à Elbing, 1ᵉʳ janvier 1813. Bussetti, sous-lieutenant. Resté à Elbing, 1ᵉʳ janvier 1813 Baptiste, Elbing, 5 janvier 1813. Dambrun, s.-l. Kœnigsberg (16 janv.). Vautrin, s.-l. Kœnigsberg (16 janv.).		
Kinorn, 24 mai 1813.		Guasco, sous-lieutenant.		
Görlitz, 26 mai 1813.		Ducheylard, capitaine.		
Jauer, 28 mai 1813.		Mathis, chef d'escadrons. Doublet, sous-lieutenant.		
Dresde, 27 août 1813.		Mathis, chef d'escadrons. Dubusse, lieutenant. Doublet, sous-lieutenant.		
Wachau, 16 octobre 1813.		Carlier, chef d'escadrons. Gérard, lieutenant. Siméon, sous-lieutenant.		
Leipsig, 18 octobre 1813.	Fournier, sous-lieutenant.	Dijols, capitaine. Gillon, lieutenant. Equeter, sous-lieutenant.		
Francfort, 20 octobre 1813		Jean, sous-lieutenant.		

12

TABLEAU D'HONNEUR.

COMBATS	OFFICIERS		CAVALIERS	
	TUÉS	BLESSÉS	TUÉS	BLESSÉS
Rosnay, 2 février 1814	Grezes, chef d'escadrons.			
Fère-Champenoise, 24 mars 1814		Doublet, sous-lieutenant.		
Ligny et Waterloo, 16 et 18 juin 1815.	Meneret, capitaine. Maréchaux, sous-lieutenant. Desavoye, sous-lieutenant.	Morin, lieutenant. Pfister, capitaine. Wendleng, lieutenant.	Mourageas, mar. des logis. Desachy, — Keller, brigadier. Bontemps, — Choley, — *Cavaliers :* Vassy. Pesquié. Clairy. Lallemand. Pérignon. Renaux. Dellau. Houzé. Dubeau. Pons. Debat. Gallis. Reeb. Caillaux. Egret. Travert. Colet. Léonard. Cousin. Ballut. Valdois. Lefranc. Marizot. Roulingue. Delannoy. Gourbin. Morel. Bastien. Vardel. Tonnelle. Gelinet. Herbeck. Lavoisier. Malle. Mersmann. Stoker. Klain. Delporte. Lamy.	Wattelet. Boulet. Wattel. Malet. Colin. Philion. Lamothe. André. Guesner. Vainqueur. Soleil. Lecomte. Barbette. Meunein. Devos. Jacquemin. Lemoine. Lefèvre. Lesaffre. Gallot. Wercluit. Fortaire. Marquilly. Dupont. Desmazières Flour. Simon. Lamade. Delmaire. Bosquin. Journet. Valée. Vacogne. Boulogne. Delaplace. Tescher. Joly. Demange. Ferez.

CUIRASSIERS DE LA GARDE

COMBATS	OFFICIERS		CAVALIERS	
	TUÉS	BLESSÉS	TUÉS	BLESSÉS
Solférino, 24 mai 1859.				Bouttiers, trompette.
Gravelotte, 16 août 1870.	De Sahuqué, chef d'escadrons. Bonherbe, lieutenant. Boudeville, lieutenant. Michaux, sous-lieutenant. Lecler, sous-lieutenant. Cornuéjouls, sous-lieutenant.	Dupressoir, colonel. Letourneur, lieut.-colonel. De Vergès, chef d'escadrons. Laborde, capitaine. Barroy, capitaine. Thomas, capitaine. Casadavant, capitaine. Bauvin, lieutenant. Barrau, lieutenant. De Fromessent, sous-lieutenant. Delamarre, sous-lieutenant. Decrouy, sous-lieutenant. Faralicq, sous-lieutenant. Langlaude, maréch. d. logis chef nommé sous-lieutenant quelques jours après.	*Tués :* 24 sous-officiers et 109 cavaliers, parmi lesquels : Fuchs, adjudant. Trottin, mar. des logis. Schoeffler — Roblin, brigadier fourrier. Gardeblée, brigadier. Capel, — Beaudry, — Bernadas, — Dosne, — Sarry, — Chauvel, — Volle, — Buchler, trompette. Boiteux. Converset. Boulay. Teulières. Poirier. Ducarrouge. Kastler. Wolf. Desmurger. Thiel. Montagnac. Vignaux. Housseaux. Bergeron. Casanova. Bastien. Berranger. Michenet. Petitprez. Planchard. Ricard. Dumonnet. Berthier. Svier. Audot. Gris. Livingelstein. Richard. Burel. Remond. Perradis. Rollanday. Dhotel. Chermour. Ablin. Beurnier. Ferrand. Berigaud. Huet. Larrieu. Melo. *Blessés :* 55.	

CITATIONS

Davignon, lieut. d'état-maj.
Dormayer, cuirassier.
Puiboulot, cuirassier.

LÉGION D'HONNEUR

ANNÉES	DATES	OFFICIERS ET COMMANDEURS	CHEVALIERS
1804	24 mars.	»	Christophe, major.
	22 juin.	»	Bailly, adjudant..
	»	»	Pfister, sous-lieutenant.
	9 décembre.	»	Belfort, chef de brigade.
1805	13 juin.	Belfort, officier.	»
	24 décembre.	Belfort, commandeur.	»
1806	14 mars.	»	Moret, mar. des logis.
	»	»	Mozer, mar. des logis.
1807	14 avril.	»	Meneret, m. des logis ch.
	14 mai.	»	Dornès.
	1er octobre.	»	Dubusse, mar. des logis.
	»	»	Equetor, mar. des logis.
	»	»	Mathis, adj.-major.
	»	»	Mamelet, adjudant.
1809	13 août.	»	Laguay, adj.-major.
	»	»	Soulet, lieutenant.
	»	»	Longue', sous-lieut.
1812	10 octobre.	»	Ducheylard, capitaine.
	»	»	Lefelz, lieutenant.
	11 octobre.	»	Corvisart, capitaine.
	»	»	Dijols, capitaine.
	»	»	de Rouot, lieutenant.
1813	10 février.	»	Leclair, lieutenant.
	5 septembre.	»	Gascard, sous-lieut.
	»	»	Metz, sous-lieut.
	27 septembre.	Mathis (ch. d'esc.), officier	»
	14 novembre.	Daudiès, colonel.	»
	4 décembre.	»	Arbogaste, lieutenant.
	»	»	Barboille, s.-aide-maj.
	»	»	Comte, sous-lieut.
	»	»	Dubois-Bérenger, adj.-m.
	»	»	de Montchoisy, capit.
	»	»	Santo-Domingo, lieut.
1814	25 février.	»	Glacier, lieutenant.
	25 juin.	»	Langlet, lieutenant.
1815	14 février.	Corvisart (ch. d'esc.), offic.	»

LÉGION D'HONNEUR.

ANNÉES	DATES	OFFICIERS	CHEVALIERS	MÉDAILLES
1857	8 octobre.	Ameil, colonel.	Inglar, capit.	Treysse, m¹ d. log.
	»	Nabaïby, médecin major.	Bernard, s.-lieut.	Martineau, »
	»	»	Lades, s.-lieut.	Simon, »
	»	»	Geury, chef arm.	Bienvenü, »
	»	»	»	Zimmermann, br.
	»	»	»	Matter, cuirassier.
	30 décem.	»	Thiesselin, m¹ d. l.	Robin, brigadier.
1859	12 juillet.	Payen de Chavoy lieut.-colonel.	Thornton, ch. d'es.	Bastel, m¹ d. log.
	»	»	Thiriat, adjud.	Boultiers, tromp.
	»	»	»	Schaal, »
1860	14 mars.	Ameil, col. (commandeur).	»	»
	11 juillet.	»	Nérin, ch. d'esc.	Prévost, m. d. log.
	»	»	Constantini, s.-l.	Grevet, »
	»	»	»	Demandols, m° tail
	»	»	»	Déguilly, sapeur.
	»	»	»	Rabier, maréchal.
	15 août.	»	Villard, capit.	»
	29 décem.	»	Nivesse, m° d'arm.	Sallot, cuirassier.
	»	»	»	Huard, »
1862	13 août.	»	»	Baissat, m¹ d. log.
1863	30 novem.	de Septeuil, col.	Maurice, capit.	Delaitre, m¹ d. log.
	»	Casse, major.	Bechler, lieut.	Fuchs, »
	»	»	»	Petit, »
	»	»	»	André, cuirassier.
	»	»	»	Bernard, »
	»	»	»	Burdet, »
	»	»	»	Nusbaumm, »
	»	»	»	Fredevaux, »
1864	14 mars.	»	»	Boussion, sapeur.
	12 août.	»	»	Billecart, m¹ d. log.
1866	20 février.	»	Tiersonnier, s.-l.	»
	12 mars.	»	Lecler, s.-lieut.	Desrozières, mar. des logis.
	18 août.	Dulac, ch. d'esc.	Dehautschamps, capitaine.	Félix, mar. d. log.
	»	»	Bas, lieutenant.	Durieux, »
	»	»	Rott, s.-lieut.	Ingrand, brigad.
	»	»	Caby, vétér. en 2°.	Birkel, trompette.
	»	»	Maury, m¹ d. log.	Frache, cuirassier
	»	»	»	Dumas, »
	»	»	»	Anchubidart, »
	»	»	»	Hupé, »
	»	»	»	Julia, »
	»	»	»	Didio

ANNÉES	DATES	OFFICIERS	CHEVALIERS	MÉDAILLES
1866	22 décem.	»	de Boisofré.	Pontannier, brig.
	»	»	»	Bouvier, musicien
1867	6 mars.	»	»	Bertrand, cuiras.
	»	»	»	Gavignet, »
	11 août.	»	Bouherbe, s.-lieut.	Dumet, cuirassier
	»	»	»	Vialas, trompette.
	28 décem.	»	Frayon, adju-tant.	Keipe, cuirassier.
1868	24 avril.	Collignon, c. d'es.	Ducheyron, capit. adj.-major.	Troutot, m'd. log.
	»	»	Mélin, sous-lieut.	Mailhes »
	»	»	»	Juen, brigad.
	»	»	»	Denoix, »
	»	»	»	Buchler, tromp.
	»	»	»	Volle, cuirassier.
	10 août.	»	Lelandais, s.-l.	Janin, brigadier.
	12 décem.	Lucas de Missy, chef d'escadrons.	Simon, adjud.	Lauer, cuirassier.
				Vidaillac, »
1869	13 mars.	»	»	Robert, cuirassier
	11 août.	»	Leclerc, cap. inst.	Glade, cuirassier.
	18 novem.	»	Mansenceau, lieut.	Robidou, brigad.
	»	»	»	Antoine, sapeur.
	24 décem.	»	Bulot, lieut.	Vignaux, cuiras.
1870	12 mars.	»	Guillet, vét. en 1er	Grasser, cuiras.
	2 juin.	»	de Sahuqué, chef d'escadrons.	Arrougé, cuiras.
	»	»	»	Wahl, »
	»	»	»	Maréchal, »
	30 août.	de Sahuqué, chef d'escadrons.	»	»
	7 septem.	»	Durand, capit.	»
	»	»	Davenne, lieut.	»
	»	»	Rémond, m'd.log.	»
	26 septem.	Roussange, cap.	Rougnon, lieut.	»
	»	»	Champigneulle, l.	»
	»	»	Jacquel, cuiras.	»
	22 octobre	»	Barroy, capit.	»
	»	»	Bauvin, lieut.	»
1871	5 mai.	»	Bucquoy, m.-maj.	Aubry, adjud.
	»	»	Lefort, lieut.	Mayer, brigadier.
	16 novem.	Piaud, major.	Bonn, capit.	Bélin, adjudant.
	»	Barénaut, capit.	Bayer, lieut.	Meyer, brigadier.
	»	»	Chabert, m'd.log.	Folliet, »
	»	»	»	Burnel, »
	»	»	»	Bellot, »

LÉGION D'HONNEUR.

ANNÉES	DATES	OFFICIERS	CHEVALIERS	MÉDAILLES
1872	1er février.	»	Casadavant, cap.	»
	20 novem.	Laborde, capit.	de Campon, cap.	Florance, tromp.
	»	»	»	Meyer, cuirassier.
	21 décem.	»	»	Bedel, m'des log. chef.
	»	»	»	Dumont, tromp.
	»	»	»	Porcher, cuiras.
1873	11 octobre	»	Becquet, s.-lieut.	Courtois, cuiras.
	6 décem.	»	»	Boissier, brig.
1874	20 août.	»	Rabarot, cap.	»
1875	»	»	Jocteur de Montrozier, ch. d'esc.	»
	»	»	»	»
1876	11 janvier.	»	de Gapany, cap.	Garnier, m¹ d.log.
	18 juillet.	»	»	Zimmermann, m¹ des logis.
	30 octobre	»	Durieux, m¹d. log.	»
1877	5 juin.	»	»	Garrigues,ch.arm.
	7 août.	»	de Biré, capit.	»
1879	13 janvier.	»	de Bourjolly, cap.	Charmel, cuiras.
	12 juillet.	»	de Masin, ch. d'es.	»
1880	3 février.	de Bouligny, col.	»	»
	12 juillet.	»	Rupert, capit.	Pierrot, adjudant.
	»	»	Ancelle, lieut.	»
1881	18 janvier.	»	»	Fouque, m° sellier
	29 décem.	»	Delille, lieut.	»
1883	9 juillet.	»	Froelinger, cap.	»
	29 décem.	»	Hannotin, cap.	»
	»	»	Pacot, lieut.	»
1884	27 décem.	»	»	Bonnard, m¹ des log., trompette.
1885	7 juillet.	»	Langlaude, cap.	»
1886	24 juin.	»	»	Loisy, m° maréch.
1888	28 décem.	»	Laval, cap.	»
1889	»	»	de Kergariou, ch. d'esc.	Sapience, adj.
			Diémert, cap.	

LISTE ALPHABÉTIQUE

DES

OFFICIERS DU RÉGIMENT

NOMS	NAISSANCE	ENTRÉE AU SERVICE	POSITION AU RÉGIMENT
A			
Albissy (d').	. . . . . .	. . . .	Cap., 1759.
Albissy (Pierre-Joseph, chevalier d').	29 juin 1745.	Auriol-en-Provence.	1758	Cap., 1791. L.-col., 1792.
Aires (Jean-Christian d').	12 déc. 1760.	. . . . . .	1778	S.-l., 1779. L., 1788.
Adès (Louis-Nicolas-Antoine).	24 oct. 1771.	Saverne.	1788	S.-l., 1793.
Arthel de Quincy (Pierre-Camille-Jean de Fourvière d').	26 nov. 1753.	Clamecy.	1768	Cap., 1779.
Aubin (Michel).	12 juil. 1760.	Limay (Seine-et-Oise).	1782	S.-l., 1801.
Arbogaste (Jean).	1775.	Niederbronn.	1793	S.-l., 1809. L., 1813.
Anoul (Prosper-Vincent-Ernest).	. . . . . .	Bruxelles.	1810	S.-l., 1814.
Astoul.	. . . . . .	. . . . . .	. . . .	S.-aide-major, 1806.
Aigremont (Ant.-Pierre d').	11 janv. 1778.	Paris.	1798	Cap., 1815.
Acoquat (J.-P.).	2 déc. 1815.	Vernajoul (Ariège).	1834	Cap., 1854.
Ameil (Alfr.-Fréd.-Phil.-Aug.-Napoléon).	8 nov. 1810.	Saint-Omer.	S.-C. 1827	Col., 1855.
Aubert (Jean-Baptiste-Ovide).	24 mai 1832.	Suippes.	1849	L., 1854, cap., 1860.
Armaillé (de Laforest d') (Paul-Alex.)	22 juin 1823.	Angers.	1848	S.-l., 1855.
Anglars de Bassignac (Eug.-Léon d').	27 févr. 1833.	Bassignac.	1851	S.-l., 1861.
Anglars (P.-P. d').	28 oct. 1813.	Montignac.	1832	Ch. d'esc., 1861

12ᵉ CUIRASSIERS.

NOMS	NAISSANCE	ENTRÉE AU SERVICE	POSITION AU RÉGIMENT
Abzac (Charles-Gaëtan d').	9 sept. 1844.	Châtel Gérard.	1861	Lieut., 18·5.
André (Pierre-Ed.).	9 sept. 1844.	Châtel-Gérard.	1861	Lieut., 1875.
Ancelle (Alfred).	16 sept. 1835.	Neuilly.	1859	Lieut., 1876.
Aviau de Piolant (Alb.-Ch.-Fr. d').	20 oct. 1845.	Niort.	1864	Major, 1882.
Autellet (Pier.-Ern.-Am.-Maximien).	. . . . .	. . . . .	. . . . .	M.-maj 1883.
Aubier de Condat (Emm.-Jos.-Alb.).	26 mars 1858.	Ternant.	1878	Lieut., 1885.
Aymar de Château-Renard (Noël-Henry d').	25 déc. 1862.	Cassel.	1882	S.-l., 1886.
André-Joubert (L.-Marie-Gaston).	27 janv. 1858.	Sénecé-les-Mâcon.	1876	Cap. inst. 1886 C. com. 1888.
André (Jos.-Jean-Pierre).	5 sept. 1860.	Pollestre.	1879	S.-l., 1887.

B

NOMS	NAISSANCE	ENTRÉE AU SERVICE	POSITION AU RÉGIMENT
Bretonvilliers (Bénigne le Ragois, marquis de).	. . . . .	. . . . .	1712	Mest. de camp, 1716.
Brantès (de).	. . . . .	. . . . .	. . . . .	Major, 1746.
Billard de Chéville.	. . . . .	. . . . .	. . . . .	Cap., 1768. Major, 1774.
Brion (de).	. . . . .	. . . . .	. . . . .	Aide-m., 1766.
Biaudos (de).	. . . . .	. . . . .	. . . . .	Cap., 1766.
Bourdeilles (vᵗᵉ de).	. . . . .	. . . . .	. . . . .	Cap., 1768.
Béthune (vicomte de).	. . . . .	. . . . .	. . . . .	Cap., 1770.
Breuil (vicomte de).	. . . . .	. . . . .	. . . . .	Cap., 1786.
Bonne (chev. de la).	. . . . .	. . . . .	. . . . .	Lieut., 1774.
Boissy (de).	. . . . .	. . . . .	. . . . .	S.-l., 1779.
Bastide (Pier.-Georges de la).	1ᵉʳ fév. 1763.	. . . . .	. . . . .	S.-l., 1789.
Bataille (marquis de Dampierre André-Anne).	3 juillet 1752.	. . . . .	. . . . .	Cap., 1771, Ch. d'esc., 1788.
Boisdeffre (R.-N. Le Mouton, chev. de).	28 oct. 1748.	. . . . .	. . . . .	Cap., 1793.
Boisdeffre (de).	. . . . .	. . . . .	. . . . .	Maj., 1763. L.-col., 1774.
Boisdeffre (de).	. . . . .	. . . . .	. . . . .	S.-aide-major, 1765. Aide-m. 1773.
Busigny (Marie-Albin-Théo. Hanc-cart de).	5 déc. 1758.	Douai.	. . . . .	S.-l., 1774. L., 1789.
Brazais (Ch.-And. Duhamel, chevalier de).	11 juil. 1747.	. . . . .	1765	S.-l., 1768. C., 1779.

LISTE ALPHABÉTIQUE.

NOMS	NAISSANCE		ENTRÉE AU SERVICE	POSITION AU RÉGIMENT
Bois d'Aisy (Philippe-Germain du).	31 juil. 1758.	Aisy (Bourgogne).	1772	Cap. réformé, 1786.
Belotte (Pierre).	6 mars 1733.	. . . . . .	1753	S.-l., 1791. L., 1792. C., 1792
Bourgetti (Franç.).	20 nov. 1750.	Bastia.		S.-l., 1792. L., 1793. C., 1795
Briolleux (Henri-F.)	1749.	Fresnes.	1765	S.-l., 1793. L., 1794. C., 1976
Bzant.				S.-l., 1792.
Belnot.				S.-l., 1791. L., 1792.
Bunot.				S.-l., 1792.
Belfort (Jacques-Renard).	26 déc. 1753.	Tingry (Lorraine).	1770	Ch. de brigade 1796.
Ballandier (J.-P.).	23 fév. 1765.	Blunans.		S.-l., 1795.
Breton Jean-Pierre	8 avril 1754.	Lintrey (Meurthe).	1777	S.-l., 1796. L., 1798.
Bonnecarère (Jean-Pierre-Alexis).	16 oct. 1768.	. . . . . .	1785	Ch. d'escadr., 1804.
Baratte (Jos.-Fr.-Xav.)	13 déc. 1760.	Besançon.	1789	Quart.-Maître, 1800.
Bertin (Charles).	4 nov. 1754.	Ische (Vosges).	1775	Cap., 1803.
Baure (Jean-Adam).	22 sept. 1760.	Metelsheim.	1776	Lieut., 1803. Cap., 1806.
Baranquin (Honoré-Bernard).	13 juin 1747.	Paris.	1767	S.-l., 1802.
Belin (Franç.-Maximilien).	28 mars 1769.	Orléans.		Quart.-maitre, 1808.
Boilly (Jacques).	25 juil. 1774.	Dommartin.	1794	Lieut., 1814.
Barboille (Louis).	28 oct. 1783.	Saint-Omer.		Chir.-A.-Maj., 1809.
Bailly (Joseph).	10 août 1767.	Besançon.	1783	S.-l., 1806. L., 1808. C., 1812
Beauchet (E.-G.-Ph.).	20 nov. 1789.	Paris.	1809	S.-l., 1810. L., 1813.
Brand (Augustin).	2 févr. 1789.	Rochefort.	1807	Aide-m., 1814.
Belle (Aimé-Gust.).	. . . . .	Boulogne.	1804	Cap., 1814.
Bernard.				Cap., 1807.
Bottu.				S.-l., 1807. L., 1809.
Besnard.				S.-l., 1808. L., 1809. C. 1812.
Betman.				S.-l., 1808.
Baptiste.				S.-l., 1809. L., 1812.
Bussetti.				S.-L., 1811.
Bouyn (Ed.-H. de).	12 avril 1422.	Paris.	S.-C. 1840	Cap., 1854.
Bloume (Eug.-Pier.-Franç.).	25 juil. 1826.	Saint-Maurice d'Anney (Sardaigne).	1845	L., 1854. Cap., 1859.
Benoît (Pierre-Aubin-Marie).	7 janv. 1824.	Chalon (S.-et-L.).	1843	Lieut., 1854.

12ᵉ CUIRASSIERS.

NOMS	NAISSANCE	ENTRÉE AU SERVICE	POSITION AU RÉGIMENT
Brisson (René-Jos.-Hippolyte).	28 juin 1827.	Toulouse.	1845	S.-l., 1854. L., 1858.
Becquey - Beaupré (Eug.-Gaston).	15 août 1830.	Paris.	1848	S.-l., 1854. L., 1858.
Bernard (J.-P.).	4 août 1822.	Arnay-le-Duc.	1840	S.-l., 1855. L., 1860.
Blangy (M.-L.-A. Levicomte de).	19 mai 1832.	Bassey-le-Châtel (Eure).	1850	S.-l., 1855. L., 1862.
Bechler (Louis).	7 déc. 1820.	Lons-le-Saulnier.	1842	S.-l., 1855. L., 1863.
Bas (Jean-Pierre).	2 juil. 1823.	Eguilly (Haute-Saône).	1844	S.-l., 1855. L., 1865.
Bruchard (Jean-Hugues-Ed. de).	12 mars 1815.	Allassac.	1833	Ch. d'escadr., 1856.
Bullet (Pierre-Léon de).	27 mai 1820.	Trémolat.	1839	Cap., 1856.
Boisberranger (Eugène du).	19 oct. 1824.	Ernée.	S.-C. 1843	Cap., 1857.
Bécoulet (Claude-Eugène).	16 oct. 1811.	Vyt.	1830	S.-l., 1858.
Brossin de Méré (Aymard-Christ.-Ed. de).	24 mars 1841.	Paris.	S.-C. 1859	S.-l., 1865.
Bergeron (Jean-César-Hippolyte).	4 déc. 1820.	Hesdin.	1838	Major, 1866.
Bugnollet (Charles-Xavier).	23 nov. 1820.	Bay (Hᵗᵉ-S.).	1841	Cap., 1863.
Barénaut (Jean).	20 juin 1821.	Senestis (Lot-et-Garonne).	1840	Cap., 1860.
Barrois (E.-Fr.-J.).	4 juil. 1829.	Paris.	S.-C. 1848	Cap., 1861.
Bruley (Victor-Nicolas).	6 déc. 1822.	Vandœuvre.	1843	Lieut., 1866.
Boisdofré (Jean-Henri-Charles).	31 juil. 1829.	Paris.	1848	S.-l., 1858. L., 1867.
Bullot (Ed.-Marie).	18 juin 1824.	Montdidier.	1848	S.-l., 1866. L., 1868.
Bonherbe (Nicolas-André).	30 nov. 1824.	Mulhouse.	1845	S.-l., 1866. L., 1869.
Boudeville (Jean-Baptiste-Charles).	25 déc. 1830.	Langres.	1848	S.-l., 1866. L., 1869.
Boyer (Louis).	3 mai 1830.	Thiviers.	1848	S.-l., 1866. L., 1869. C. 1872.
Barreau (André-Placide-Claude).	30 nov. 1827.	Coudray - Macouard (M.-et-L.).	1848	S.-l., 1866. L., 1871.
Biré (Henri-Marie-Charles-Ferd. de).	5 janv. 1833.	Nantes.	1850	S.-l., 1866. L. 1870. C. 1873.
Bauvin Ch.-Louis).	16 juil. 1834.	Mons - en - Devèle (Nord).	1855	Lieut., 1870.
Burtin (Nicolas-Félix).	. . . . .	. . . . .	. . . .	S.-l., 1867.
Bonardi (Jean-Fr.-Georges de).	4 oct. 1844.	Nogent-s.-Mar.	1862	S.-l., 1864. L. 1872.
Bonn (Lambert).	22 avril 1833.	Metz.	1852	Cap., 1871.

LISTE ALPHABÉTIQUE.

NOMS	NAISSANCE		ENTRÉE AU SERVICE	POSITION AU RÉGIMENT
Béra (Léon-Jos.-Bénoni).	12 mai 1838.	Reims.	1859	S.-l., 1871.
Barret (Léonard).	3 déc. 1837.	Faux-Mazuras.	1858	S.-l., 1871.
Bocquet (Pier.-Anatole).	22 août 1838.	Abbeville.	1859	S.-l., 1870.
Becquet (Paul-Albéric).	30 juin 1828.	Barantin.	1849	S.-l., 1874.
Ballereau (Aquilas).	23 sept. 1835.	Châtillon.	1856	S.-l., 1870.
Braun (Dominique).	24 mai 1825.	Sarreguemines	1846	Major, 1870.
Bureau (François-Eugène).	4 mai 1831.	L'île Bouchard	1850	S.-l., 1870. L., 1871.
Bouthel (Louis-Eugène).	6 août 1833.	Paris.	1851	S.-l., 1870.
Bégnicourt (Florimond-Joseph).	18 mars 1839.	Blécourt.	1860	Cap., 1871.
Belon (Alfr.).	28 févr. 1843.	Ganges.	1860	S.-l., 1870. L., 1871. C. 1871.
Bourotte (Alb.-Jos.-Aug.).	19 mars 1829.	Bar-le-Duc.	1848	Lieut., 1871.
Berthet (Jean-Marie).	13 févr. 1837.	Bellegarde.	1858	S.-l., 1872.
Bolnot (Jean-Baptiste).	6 juil. 1837.	Couchey (Côte-d'Or).	1852	Cap., 1873.
Baroux (Jean-Baptiste).	10 sept. 1841.	Sanvin.	1862	S.-l., 1873.
Brunier (Jacq.-Alb.-Ern. de).	4 mars 1842.	Vendôme.	1860	L., 1873. Cap., 1876.
Brandt (Marie-Clément-Raoul de).	6 mars 1850.	Amiens.	1868	Lieut., 1874.
Bouligny (Louis-Alphonse de).	18 févr. 1828.	Bainville-sur-Madon.	1846	Colonel, 1874.
Bonenfant (Jacq.).	22 oct. 1829.	Châlons.	1848	Cap., 1875.
Bilger (Xavier).	21 nov. 1841.	Schlestadt.	1858	S.-l., 1877.
Bestel (Eug.-Aug.).	24 juil. 1851.	Alger.	1870	Lieut., 1877.
Bourgeois (Aug.).	19 mai 1851.	Diéval.	1851	S.-l., 1877. L., 1882.
Brousse (Jean).	21 janv. 1851.	Fumel.	1871	S.-l., 1878.
Brisset (Léon).	4 févr. 1854.	Bouhy.	1872	S.-l., 1878.
Boudon (Jacques).	15 sept. 1852.	Montech.	1874	S.-l., 1878.
Blache (Aug.-Jean-Victor).	15 févr. 1853.	Annonay.	1875	S.-l., 1880.
Bruneau de Miré (G.-V.-M.).	18 nov. 1857.	Arquenay.	1877	S.-l., 1880. L., 1883.
Bermond d'Auriac (J.-E.-L.-M. de).	29 sept. 1855.	Gaillac.	1875	Lieut., 1882.
Brauer (Léop.-René de).	14 nov. 1857.	Maubeuge.	1876	Lieut., 1882.
Bachard (Antoine).	10 janv. 1854.	Niort.	1873	Lieut., 1884.
Barois (Léon-Appoline-Augustin).	. . . . .	. . . . .	. . . . .	Méd.-major, 1884.
Bault de la Morinière (R.-M.-S. Le).	19 janv. 1852.	Angers.	1872	Cap., 1885.
Benoist (H.-G.-N. de).	13 mai 1839.	Waly.	S.-C. 1857	Colonel, 1885.

12ᵉ CUIRASSIERS.

NOMS	NAISSANCE	ENTRÉE AU SERVICE	POSITION AU RÉGIMENT
Bimbenet (Jacq.-Jules-Marie).	21 août 1836. Blois.	1856	Ch. d'esc., 1885
Boulanger (Félix-Alexandre).	6 févr. 1844. Marcoing.	1865	Cap., 1886.
Bellet de Tavernost (Abel-Louis).	13 août 1860. Cesseins.	1880	Lieut., 1887.
Bétier (Phil.-Jérôme-Napoléon).	8 nov. 1863. V. Maixent.	1881	Aide-vét., 1887
Bonnin de la Bonninière de Beaumont (J.-Marie-Armel).	12 juil. 1855. Beaumont.	1874	Cap., 1887.
Bernier (J.-L.-R.).	31 juil. 1849. Metz.	1869	Cap., 1888.
Beurné.	18 janv. 1862. Vaudoncourt.	1882	S.-l., 1889.
Bullot (Hector).	18 juil. 1856. St-Martin-aux-Bois.	S.-C. 1875.	Cap. 1889.
Burnol (Etienne).	21 oct. 1841. Vichy.	1859	Ch. d'es., 1889.

C

NOMS	NAISSANCE	ENTRÉE AU SERVICE	POSITION AU RÉGIMENT
Cornélius (de).	. . . . .	. . . .	Cap., 1674.
Coislin (marqⁱˢ de).	. . . . .	. . . .	Col. réf., 1678.
Coqfontaine (de).	. . . . .	. . . .	Major, 1686.
Costentin (de).	. . . . .	. . . .	Mest. de camp, 1702.
Chillois (de).	. . . . .	. . . .	L.-col., 1735.
Collet (de).	. . . . .	. . . .	Lieut., 1746.
Charles.	. . . . .	. . . .	Lieut., 1746.
Crancé (de).	. . . . .	. . . .	Cap., 1758.
Châlons (de).	. . . . .	. . . .	Cap., 1762.
Coursays (de).	. . . . .	. . . .	Major, 1758.
Châtenay (cᵗᵉ de).	. . . . .	. . . .	Mest. de camp en 2ᵉ, 1777.
Chabans (de).	. . . . .	. . . .	Cap., 1765.
Casteja.	. . . . .	. . . .	Cap., 1765.
Collinet.	. . . . .	. . . .	Q.-Mait., 1773. S.-l., 1776.
Courpon.	. . . . .	. . . .	Lieut., 1774.
Chartrain.	. . . . .	. . . .	Lieut., 1774.
Cuny.	. . . . .	. . . .	Lieut., 1774.
Chilleau (de).	. . . . .	. . . .	S.-l., 1779.
Chastel-Villemont (Nicolas-Ch.).	2 déc. 1749. Metz.	1766	S.-l., 1767. L.-col., 1791.
Cany-Duvergé.	. . . . .	1761	S.-l., 1782. L.-col., 1792.
Charry (François).	11 déc. 1732. Pamiers.	1759	S.-l., 1791. L., 1792. C. 1792.
Crozet de Cumignat (C.-J.-B.-F. marquis du).	9 juil. 1758. Vialle-sur-la-Mothe.	1774	Cap., 1787.
Crozet de Cumignat (J.-J.-Ch. du).	5 août 1759.	1775	Cap., 1783.
Chassoy (Louis-Antide de).	29 nov. 1761.	. . . .	S.-l., 1777. C., 1785.

LISTE ALPHABÉTIQUE.

NOMS	NAISSANCE	ENTRÉE AU SERVICE	POSITION AU RÉGIMENT
Cytoys (Ch.-Louis-Anaclet de).	18 juil. 1760.	Luçon.	1781	S.-l., 1781.
Cassaigne de Sereys (Jacq. de la).	16 nov. 1765.	. . . . . .	1782	S.-l., 1785.
Courtemanche (H.-A.-C. Lemaire de).	24 janv. 1769.	. . . . . .	1782	S.-l., 1785.
Colart (Jean-Baptiste).	18 oct. 1730.	. . . . . .	1751	S.-l., 1783. Ch. de brig., 1794
Cottin (Félix).	. . . . . .	. . . . . .	. . .	Cap., 1794. Ch. d'esc., 1795.
Choppin (Mathias).	1ᵉʳ juin 1771.	Arnonville.	1788	S.-l., 1792. C., 1793. Ch. d'es. 1793.
Choppin (Franç.).	3 oct. 1773.	Gommerville.	. . . . .	S.-l., 1791. L., 1794.
Christophe (Ph.).	11 févr. 1769.	Nancy.	. . . . .	Ch. d'es., 1799 M., 1803. Col. en 2ᵉ, 1809.
Caillole.	. . . . . .	. . . . . .	. . .	S.-l., 1794.
Clauzel (Jean).	7 avril 1775.	Mirepoix.	. . .	S.-l., 1793.
Carlier (Constant).	. . . . . .	. . . . . .	1792	Ch. d'es., 1813
Curnieu (J.-L. Matheron de).	29 juil. 1776.	Lisbonne.	1799	Colonel, 1809.
Cerveaux (Michel).	. . . . . .	. . . . . .	. . .	Ch.-maj., 1799
Châlins.	. . . . . .	. . . . . .	. . .	Chir. de 3ᵉ cl., 1800.
Cagnon.	. . . . . .	. . . . . .	. . .	S.-l., 1806. L., 1808. C., 1812
Courtot.	. . . . . .	. . . . . .	. . .	S.-l., 1806.
Crave.	. . . . . .	. . . . . .	. . .	S.-l., 1809.
Colinet.	. . . . . .	. . . . . .	. . .	S.-l., 1809.
Chardin.	. . . . . .	. . . . . .	. . .	S.-l., 1812.
Corvisart (Charles-Scipion).	30 août 1790.	Sens.	1804	Capit., 1813. Ch. d'es., 1814
Chambon (Louis-Charles).	24 mai 1788.	Lesrans (Ardèche).	1808	S.-l., 1813.
Comte (Fr.-Bap.-Jos.).	14 sept. 1790.	Rivesaltes.	1808	S.-l., 1813.
Chomel (Henri).	13 nov. 1787.	Dunkerque.	1802	Cap., 1814.
Carpentier (Louis).	1779.	Arras.	1798	Lieut., 1814.
Cadic (Franç.-Hippolyte).	24 sept. 1808.	Lorient.	1825	Ch. d'es., 1854 Cap., 1854.
Cools (Jacq.-Emmanuel de).	21 avril 1827.	Paris.	S.-C. 1845	Cap., 1854.
Collot (Nicolas-Sébastien).	4 déc. 1811.	Clermont (Meuse).	1833	Cap., 1854.
Clever (Jean-Pier.-Léon).	10 avril 1809.	Nancy.	1831	Cap., 1854.
Châtelain (L.-Fr.).	20 mars 1821.	Pont-de-Beauvoisine (Aisⁿᵉ).	1842	S.-l., 1854. L., 1859. C., 1865
Constantin (Pierre-Charles).	22 juin 1824.	Ouvier (Jura).	1845	S.-l., 1855. L., 1863.
Collot (Pierre-Jos.-Aug.).	12 août 1811.	Fontaine.	1832	Ch. d'es., 1857

12ᵉ CUIRASSIERS.

NOMS	NAISSANCE	ENTRÉE AU SERVICE	POSITION AU RÉGIMENT
Cordier (Magnus-Justin).	12 sept. 1811. Connières.	1830	Cap., 1857.
Chaufour (Bernard).	2 févr. 1816. Bagas.	1835	Cap., 1858.
Clicquot (L.-H.).	14 mai 1817. Vernon.	1837	L.-C., 1864.
Codieu (R.-Arm.).	4 sept. 1825. Aubervilliers.	S. C. 1843	Cap., 1866.
Chomereau de St-André (L.-M.-G.).	3 mars 1826. Arbois (Jura).	S.-C. 1845	Cap., 1866.
Champigneulle (J.-B.).	16 août 1823. Chesny (Moselle).	1841	Cap., 1857.
Clicquot (Charles-Eugène).	1ᵉʳ janv. 1829. Vernon.	S.-C. 1848	Cap., 1866.
Champigneulle (A.-Fr.-L.).	19 juin 1831. Chesny.	1849	S.-l., 1860. L., 1870. C., 1872
Croy (Eug.-Cl.-V. de).	16 avril 1837. La Guerche.	1857	S.-l., 1866.
Cornuéjouls (Jos.-Louis).	7 sept. 1829. Villeneuve.	1847	S.-l., 1866.
Crotel (Ch.-Guil.).	15 mai 1834. Lunéville.	1852	Cap., 1867
Castelnau (Ed.-Richard).	27 août 1840. Paris.	1860	S.-l., 1867.
Collignon (Ernest).	10 mars 1825. Gorze.	1843	Ch. d'es., 1867
Chinot de Fromessent (G.-A. de).	13 oct. 1837. Boulogne-sur-Mer.	1858	S.-l., 1869. L., 1872.
Conseillant (L.-C.).	10 févr. 1846. Toulon.	1864	S.-l., 1869.
Couteaux (Jules-César).	21 août 1832. Chain (Nord).	1854	S.-l., 1871.
Casadavant (Benoît-Prosper).	13 août 1830. Bayonne.	1850	Cap., 1871.
Christ (Jos.-Ferd.-Laurent).	3 sept. 1843. Paris.	1860	S.-l., 1871. L., 1878.
Cambiaire (M.-J.-P.-A.-A. de).	17 mai 1832. Marzens.	1850	L., 1870. Cap., 1870.
Campon (P.-H. de).	18 févr. 1839. Marseille.	1859	Cap., 1871.
Courtois (Philippe-Albert).	24 août 1847. Nancy.	1865	L., 1870. Cap., 1871.
Chassande-Patron (Léon).	31 mai 1829. Allevard.	1847	Cap., 1872.
Crespy (M.-B.-A.).	12 juil. 1835. Saint-Rome-de-Tarn.	1855	Lieut., 1872.
Cacqueray-Fossencourt (Ch.-M. de).	2 sept. 1840. Le Mans.	1859	Lieut., 1872.
Carpentier (Paul).	4 avril 1830. Bercy.	1853	Cap., 1873.
Chassery (P.-E.).	26 août 1847. Rocles.	1862	S.-l., 1873
Cazeaux (J.-L.).	30 déc. 1846. Mugron.	1867	S.-l., 1874
Collenet (Jos.-Er.).	21 avril 1856. Lille.	1874	S.-l., 1877.
Cimetière (G.-G.-L.-H.)	22 mars 1851. Angoulême.	1868	S.-l., 1877.
Cluzet (M.-A.).	17 déc. 1852. Gramont.	1874	S.-l., 1878.
Courbon de Saint-Genest (M.-A.).	2 mars 1854. Paris.	1870	S.-l., 1878.
Charlery de la Masselière (M.-R.).	7 août 1849. Fitz-James.	1868	Lieut., 1881.
Chapelier J.-B.-F.).	29 nov. 1855. Jainvillotte.	1876	S.-l., 1882.

LISTE ALPHABÉTIQUE.

NOMS	NAISSANCE	ENTRÉE AU SERVICE	POSITION AU RÉGIMENT
Carayon-Latour (de)	17 avril 1850. Paris.	1869	Cap., 1883.
Celle (Anne-Louis de la).	4 oct. 1846. Louroux Hodemont.	1866	Major, 1884.
Cattoir (Eug.-Adolphe-Louis).	13 juin 1861. Bœseghem.	. . . .	Aide-vét.,1884
Coutte (H.-N.).	19 nov. 1858. Verberie.	1877	S.-l., 1885.
Chabert de Fondville (J.-C.-A.-A.).	3 janv. 1846. Saint-Denis de Palin.	1864	Cap., 1886.
Cuignet (Alf.-Louis-Dominique).	5 avril 1861. Amiens.	1881	S.-l., 1886.
Chobaut (Gust.).	3 déc. 1862. Supt.	. . . .	Aide-vét.,1888

D

Durfort (Fél.-Jean-Louis, comte de).	. . . . .	. . . .	Mest. de camp, 1782.
Durand.	. . . . .	. . . .	S.-l., 1789.
Dufayel (Cl.-Alex.-Félix).	28 déc. 1864.	1778	S.-l., 1782.
Dubessy (J.-B.).	22 juil. 1766. Cognac.	1780	S.-l., 1792. Ch. d'esc., 1802.
Dunot (Armand).	. . . . .	1776	S.-l., 1792. L., 1792.
Dahlmann (J.-L.).	28 déc. 1754. Mentoche.	1765	S.-l., 1792. L., 1792. C., 1792
Damas (Fr.-Aug.).	2 oct. 1773. Paris.	. . . .	S.-l., 1792.
Durux (Noël).	5 déc. 1753. Pont-de-l'Arche (Ardennes).	1770	S.-l., 1792.
Derost (Nicolas).	6 juin 1765. Percey-l-Grand	1785	S.-l., 1793. L., 1796. C., 1807
Darzac (Marie-Victor).	5 avril 1774. Grenoble.	1792	S.-l., 1796.
Dornès (Jos.-Phil.-Marie, baron).	28 janv. 1760. Camboulas.	1778	Colonel, 1805.
Daimbrun (Franç.).	24 juil. 1773. Nuits.	1793	Cap.,1803. Ch. d'esc., 1811.
Deliteau (J.-Cl.).	4 juin 1759. Antorpes.	1777	S.-l., 1798. L., 1802.
Dupradelet (Alex.-J.-L. Teynier).	26 sept. 1775. Paris.	1789	S.-l., 1803.
Delort (Augustin-Ozias).	25 févr. 1777. Arbois (Jura).	. . . .	L., 1806. Cap., 1809.
Daudiès (Mich.-J.-Paul, chevalier).	29 sept. 1763. Perpignan.	1785	Maj., 1809. Colonel, 1813.
Delmas de Lacoste (Antoine).	23 janv. 1774. Argentat (Corrèze).	. . . .	Major, 1803.
Dubois - Béranger (Eugène).	8 oct. 1784. Rennes.	1806	S.-l., 1809. L., 1812. C., 1814
Devergie (Marie-Nicolas).	12 août 1784. Saint-Mandé.	. . . .	Chirur.-major 1813.
Ducheylard (Ev.-V.)	15 juin 1788. Besançon.	1805	S.-l., 1806. L., 1809. C., 1811
Demortier (Jean).	19 juin 1772. Faussemagne.	1794	Cap., 1813.

NOMS	NAISSANCE		ENTRÉE AU SERVICE	POSITION AU RÉGIMENT
Dijols (Fr.-E.-M.).	7 nov. 1785.	Rodez.	1804	S.-l., 1808. L., 1809. C., 1813
Dubusso (P.-Jos.).	29 janv. 1771.	Illy (Nord).	1794	S.-l., 1809. L., 1812.
Delavergne.	. . . . . .	. . . . . .	. . . . . .	Lieut., 1813.
Demarest (Ch.-L.).	17 juin 1777.	Argicourt.	1800	S.-l., 1813.
Doublet (J.-B.).	15 avr. 1787.	Domart (Somme).	1807	S.-l., 1813.
Duterrage (Joseph).	2 déc. 1779.	Treilley.	1799	S.-l., 1813.
Demarest (G.-Jos.).	11 mai 1773.	Douai.	1791	Major, 1814.
Decamps (Pierre).	22 sept. 1771.	Thil (Landes).	1793	Lieut., 1815.
Desavoye (J.-B.-J.)	19 août 1776.	Porcy-Lhôpital (Somme).	1799	S.-l., 1814.
Delobel (H.-Adr.).	24 juin 1794.	Lille.	1813	S.-l., 1815.
Dunant (Louis).	. . . . . .	. . . . . .	1787	S.-l., 1814.
Dreux-Nancré (de).	. . . . . .	. . . . . .	. . . . . .	Lieut., 1809.
Dadier.	. . . . . .	. . . . . .	. . . . . .	S.-l., 1808. L., 1809.
Dupin.	. . . . . .	. . . . . .	. . . . . .	S.-l., 1809.
Dambrun.	. . . . . .	. . . . . .	. . . . . .	S.-l., 1809.
Delasalle (Louis-Ed.-Tite).	26 août 1819.	la Celle-Bruyère (Cher).	S.-C. 1838	Cap., 1854.
Desvaux de Saint-Maurice (C.-A.-J.).	18 juil. 1812.	Paris.	S.-C. 1830	Cap., 1854.
Deshautschamps (Alex.-Pierre).	23 févr. 1827.	Rennes.	S.-C. 1845	Cap., 1855.
Dequen (Ch.-Hippolyte-Marcelle).	23 avr. 1820.	Breteuil (Oise).	1841	L., 1854. Cap., 1856.
Despetit de la Salle (J.-A.-M.).	21 août 1827.	Paris.	S.-C. 1846	L., 1854. Cap., 1856.
Dufilhol (Adr.-Marie).	11 nov. 1832.	Guidel (Morbihan).	S. C. 1851	S.-l., 1855. L., 1859. C., 1864
Desrayaud (Jean).	6 janv. 1822.	Cluny.	1844	S.-l., 1855. L., 1865.
Delos (Jean-Ach.).	1ᵉʳ avr. 1812.	Castelnau.	1833	Cap., 1856.
Dupin des Lèzes (L.-Mich.).	28 juil. 1814.	Naples.	S.-C. 1837	L.-col., 1866.
Duverger de Saint-Thomas (Ch.-M.).	21 août 1820.	Aire.	1841	Ch. d'es., 1863
Dulac (Auguste).	14 janv. 1822.	Paris.	S.-C. 1840	Ch. d'es., 1862
Dieudonné (L.-Chr.-Isidore).	23 août 1814.	Dieuze.	1836	Cap., 1866.
Ducheyron (J.-B.-Alfred).	19 janv. 1826.	Bordeaux.	1847	Cap., 1859.
Desroys (E.-Ch.-L.).	24 mai 1829.	Savigné-l'Évêque.	1848	Cap., 1866.
Ducauzé de Nazelle (Franç.-Erhard).	2 juin 1837.	Guignicourt (Aisne).	S.-C. 1854	Lieut., 1866.
Decormon (E.-J.).	27 mars 1829.	Abbeville.	1849	S.-l., 1856.
Duthuilié (L.-Dés.-Const.).	15 sept. 1832.	Lefavril.	1854	Cap.-très. 1875
Davenne (Ph.-Jos.-Jean-Baptiste).	1ᵉʳ mai 1831.	Allonne.	1849	S.-l., 1863. L., 1871. C., 1872

LISTE ALPHABÉTIQUE.

NOMS	NAISSANCE	ENTRÉE AU SERVICE	POSITION AU RÉGIMENT
Dematte (L.-Jos.).	13 oct. 1834. Dourlers.	1855	S.-l., 1856. L., 1872.
Dupressoir (Ch.-Fr.-Antoine).	24 nov. 1816. Toul.	1836	Colonel, 1871.
Durand (Cl.-P.).	15 mars 1829, Tarare.	1848	C., 1869. Adj.-major, 1871.
Dommartin (Victor-Remy).	8 nov. 1834. Revigny.	1852	S.-l., 1870.
Dubau (L.-Aloys).	25 déc. 1831. Weillen.	1852	S.-l., 1870. L., 1873.
Delamarre (J.-B.-Romain).	11 oct. 1840. Lecumbéry.	1858	S.-l., 1870.
Doridant (Fr.-J.-B.-Eug.).	3 avr. 1824. Saint-Dié.	1842	Ch-d'es., 1870.
Deschars (Fr.-Léon)	23 mars 1835. Paris.	1852	Lieut., 1870.
Duhamel (Raymond Charles).	28 mars 1827. Bussy.	1846	Cap., 1871.
Drevet (Vict.-Sid.-Louis-Marie).	21 juin 1838. Lyon.	1856	S.-l., 1871.
Denaclara (J.-Jos.).	19 déc. 1831. Palan.	1852	Lieut., 1871.
Delard de Bordeneuve (J.-Jos.).	29 juin 1835. Belley.	1853	Lieut., 1870.
Dumay (Pierre-Ph.-Val.).	13 fév. 1840. Brunois-les-Allemands.	1861	S.-l., 1875.
Déan de Luigné (A.-René-Georges).	14 janv. 1855. Château-Gontier.	1874	S.-l., 1876.
Durand de Villers (P.-Fréd.-Em.).	20 déc. 1850. Versailles.	1868	C., 1876. Maj. 1885.
Delille (Eug.-Val.).	16 juin 1830. Talmoutiers.	1851	Lieut., 1878.
Demengeon (Charl.-Louis).	26 janv. 1827. Docelles.	1848.	Lieut., 1879.
Diémert (J.-Jacq.).	20 août 1842. Tinchebray.	1863	Cap., 1880.
Dubern (Luc.-Eug.-Ch.-Boislandry).	25 fév. 1850. Auch.	1868	Cap., 1880.
Doullé (Daniel-Ad.-Phil.).	2 sept. 1854. Le Havre.	1874	S.-l., 1881. L., 1886.
Dou (Joseph-Théophile).	29 août 1841. Barcelonnette.	1858	Cap., 1885.
Déan de St.-Martin (Emerick J.-M.).	12 mai 1860. St-Denis d'Anjou.	1881	S.-l. de rés. 1887.

E

Escure (de l').	. . . . . .	. . . . . .	Cap., 1765.
Etienne.	. . . . . .	. . . . . .	Lieut., 1774.
Elbée (d').	. . . . . .	. . . . . .	S.-l., 1776.
Espinay de Laye (P.-M., marquis d').	. . . . . .	1778	Cap., 1788.
Ebert (Jean-Fréd.).	28 fév. 1765. Pasevalk.	1782	S.-l., 1793. L., 1795. Quart. maît., 1796.

NOMS	NAISSANCE		ENTRÉE AU SERVICE	POSITION AU RÉGIMENT
Euché (J.-B.).	3 juil. 1761.	Languendorf.	1778	S.-l., 1803.
Equeter (Jean).	1773.	Grosfedingen.	1793	S.-l., 1813.
Elion (Jules-Franç.-Joseph).	2 août 1841.	Lure.	1858	S.-l., 1872.
Evrard (Isid.-Em.).	29 mars 1826.	La Guerche.	1848	Cap., 1878.
Emmerique (Jules-Jacob).	. . . . .	. . . . .	. . . . .	Méd.-major., 1887.
Eon (Henri-Jean).	31 oct. 1859.	Chateaubriand	1879	S.-l., 1882.
Etevez (J.-B.-l.).	21 déc. 1848.	Fresnoy-les-Roya.	1860	Cap., 1888.

F

NOMS	NAISSANCE		ENTRÉE AU SERVICE	POSITION AU RÉGIMENT
Fabulet (Pierre).	15 janv. 1764.	Rouen.	1781	Q.-m., 1793. Lieut., 1795.
Fauvre d'Acre (Fr.-Stanislas).	1er mai 1750.	Issoudun.	. . . . .	S.-l., 1793. L., 1796.
Fournier (Pierre).	1739.	Fresnoy.	1757	S.-l., 1792. L., 1793. C., 1793
Fesell (Bernard).	2 août 1758.	Wesel.	1774	S.-l., 1795.
Fœssell.	. . . . .	. . . . .	. . . . .	S.-l., 1806. L., 1808.
Fournier (Joseph-Léopold).	. . . . .	Bathlémont (Meurthe).	1805	S.-l., 1812.
Fadat (Vict.-Fr.).	24 juin 1781.	Nant (Aveyron).	1803	S.-l., 1813.
Forceville (Julien-Alph.-Joseph).	28 oct. 1791.	Lille.	. . . . .	S.-l., 1813.
Fournier (J.-P.).	17 oct. 1787.	Ardecourt-aux-Bois (Somme)	1807	S.-l., 1813.
Fontainpe (Pierre-Jos.-Marie).	5 juin 1768.	Changy (Loire)	. . . . .	Aide-m., 1815.
Froidefont.	. . . . .	. . . . .	. . . . .	S.-l., 1809.
Fayols.	. . . . .	. . . . .	. . . . .	S.-l., 1812.
Fievée (Ad.-Joseph-Louis-Théod.).	21 juin.	Lille.	. . . . .	. . . . .
Forchy (Louis).	10 oct. 1806.	Villefleur.	. . . . .	Major, 1858.
Fiéron (P.-Ph.).	21 avr. 1831.	Valence.	S.-C. 1850	Cap., 1864.
Froissard (Bernard-Eug. de).	16 juin 1839.	Dôle.	1858	S.-l., 1866.
Faralicq (J.-J.-G.).	10 janv. 1840.	Brezolles.	1858	S.-l., 1866.
Frédéric (Ch.-Ed.	2 juil. 1812.	Paris.	1829	Cap., 1870.
Faralicq (Félix-Frédéric).	13 mars 1836.	Besançon.	1854	S.-l., 1871.
Fleuret (Raymond-Marie).	22 mars 1851.	La Fère.	1870	S.-l., 1874.
Faurax (Albert-Benoît-Franç.).	3 janv. 1848.	Lyon.	1870	S.-l., 1876.
Framont (Aimé-Marie-Vict.-Alb. de).	2 juin 1855.	Marvejols.	1875	S.-l., 1878.
Frœlinger (Ch.).	21 avr. 1845.	Sarrebourg.	1862	Cap. 1881.
Frédy de Coubertin (Médéric-Albert).	21 déc. 1848.	Paris.	S.-C., 1867	Major, 1888.

LISTE ALPHABÉTIQUE. 197

G

NOMS	NAISSANCE	ENTRÉE AU SERVICE	POSITION AU RÉGIMENT
Gibertès (Pierre-Annet du).	31 août 1753.	1779	Cap. réformé, 1785.
Gabriac (Jos.-Louis-Claude de).	16 mars 1767.	1781	S.-l., 1786.
Grenor.			Q.-m., 1772.
Ganay (de).			Cap., 1785.
Gondrecourt.			S.-l., 1778.
Girot (Jean-Louis).		1776	S.-l., 1794. L., 1796.
Geoffroy (Alex.-Casimir).	17 nov. 1753.		S.-l., 1792.
Gentil (Alphonse).		1798	S.-l., 1803.
Grèzes (Jacques).		1798	Ch. d'es., 1813.
Gueswein (Fréd.).	3 fév. 1783.	Baumpt (Bas-Rhin).	Aide-m., 1809.
Gillon (Franç.-Hippolyte).	5 août 1784.	Saint-Mihiel. 1803	S.-l., 1809. L., 1813.
Gérard (Louis-Gaspard).	15 avr. 1783.	Joui-le-Châtel (S.-et-M.). 1804	S.-l., 1812.
Gascard (Pierre).	30 déc. 1786.	Metz. 1805	S.-l., 1812.
Guasco (Fr.-Charles).		Vauquemont (Meuse). 1805	S.-l., 1812.
Godeboul (Henry).	10 fév. 1790.	Le Havre. 1809	S.-l., 1814.
Glacier (Henry).	15 sep. 1774.	Tours. 1791	Lieut., 1814.
Goldemberg (Frédéric).			S.-l., 1807. L., 1808.
Gallet.			Cap., 1811.
Ghitini.			S.-l., 1811.
Gallet de Santerre (E.-Fr.-Pierre).	12 déc. 1828.	Le Havre. 1847	S.-l., 1855. L., 1864.
Grandin (Jos.-Ern.).	5 juin 1833.	Elbeuf. S.-C. 1851	S.-l., 1855.
Godefrin (Durand-Alfred).	28 fév. 1823.	Dargies (Oise). 1848	S.-l., 1854. L., 1861.
Guillon (Louis Jos.-Victoire-Léon).	10 nov. 1819.	Avignon. 1840	Cap.-trésorier 1856.
Guillevin (Jean-Félix-Gustave).	17 sep. 1833.	Lorient. 1850	S.-l., 1861.
Guiot de la Rochère (Franç.-Henry).	18 nov. 1818.	Availles. 1838	Lieut.-colonel 1866.
Gantès (J.-B.-Ern.-Amédée de).	2 sep. 1820.	Toulon. 1839	Ch. d'es., 1867.
Gudin (Ch.-Napoléon-César).	24 mars 1840.	Paris. 1857	C., 1868. Adj.-maj., 1870.
Ginot (Lucien-Aignan).	7 janv. 1821.	Chaumont. 1842	Cap., 1871.
Gramond (Antoine).	19 mars 1823.	L'Herm (Haute-Gar.). 1844	Cap., 1871.
Guarrigue (J.-B.).	12 oct. 1834.	Carlo de Roquefort. 1855	S.-l., 1871.

NOMS	NAISSANCE	ENTRÉE AU SERVICE	POSITION AU RÉGIMENT
Geay de Montenon (J.-B. Théop.).	15 juil. 1844. Buzançais.	1863	Lieut., 1872.
Gapany (Ed.-P.-François de).	7 oct. 1832. Vauvillers.	1850	Cap., 1873.
Ghins (Alb.-Léop.-Théod.-Ed.).	9 sep. 1854. Courtray (Belgique).	1872	S.-l., 1874.
Garié (Jean-Pierre-Paul).	3 avril 1839. Saint-Girons.	1857	Major, 1879.
Geoffre de Chabrignac (L.-C.-H. de).	3 janv. 1860. Alger.	1879	S.-l., 1882.
Gillibert (Félicien-Napoléon).	14 sept. 1837. Le Thor.	1859	Vét.en 1er,1878
Guénon (L.-Adolp.).	2 fév. 1856. Villevénard.	1877	Vét. en 2e,1882
Gaube (Jos.-Gust.-Raoul).	. . . . .	. . . .	Méd.-a.-maj., 1883.
Guillier de Souancé (J.-H.-H.-J.).	14 fév. 1861. Paris.	1882	S.-l., 1885.
Gontaut-Biron (A.-M.-P. de).	30 janv. 1859. Paris.	1880	S.-l., 1886.
Gianettini (Louis-Fabien).	13 avr. 1854. Corte.	1872	S.-l., 1887.
Gorenflaux de la Giraudière.	. . . . .	. . . .	S.-l., 1889.

H

NOMS	NAISSANCE	ENTRÉE AU SERVICE	POSITION AU RÉGIMENT
Harcourt (Fr., duc d').	6 nov. 1869.	. . . .	Mest. de camp, 1712.
Homméel (Luc-Marie du).	12 juin 1770. Cherbourg.	. . . .	S.-l., 1789.
Hatry (Alex.-Jac.-Christ.).	25 sep. 1778. Strasbourg.	. . . .	Cap., 1798.
Hardy (Pierre-Nicolas).	21 mars 1746.	1767	S.-l.,1792. L., 1792. C., 1795
Humbert (J.-B.).	12 juin 1793. Nancy.	1811	S.-l., 1814.
Hautz.	. . . . .	. . . .	Cap., 1800.
Huchet.	. . . . .	. . . .	S.-l., 1806.
Huyon.	. . . . .	. . . .	S.-aide-major 1807.
Huet (Gabriel-Eugène).	18 janv. 1812 Clermont (Meuse).	1833	Cap., 1854.
Hubert (Aug.-Guillaume).	10 juin 1821. Montauban.	1835	L., 1854. Cap. 1857.
Heufflet-Duhameau (Eugène).	2 juin 1853. Mortcerf.	S.-C. 1852	Cap., 1864.
Hubert (Aug.-Guillaume).	10 janv. 1820. Montauban.	1838	Cap., 1859.
Hagen (Gilb.-Gopsille-Michel).	20 sept. 1818. Bitche.	1836	Cap., 1866.
Hannotin (J.-Aug.).	12 juin 1839. Sedan.	1858	Cap., 1878.
Hudellet (Joseph-Emmanuel).	1er juil. 1853. Bourg.	1873	S.-l., 1875.

LISTE ALPHABÉTIQUE.

NOMS	NAISSANCE		ENTRÉE AU SERVICE	POSITION AU RÉGIMENT
Hamayde (Maximilien de la).	20 fév. 1847.	Troyes.	1866	Cap., 1875.
Hache (Edouard).	4 oct. 1855.	Vierzon.	1874	S.-l., 1877.
Hürstel (Marie-Aug.-Eugène).	5 déc. 1866.	Strasbourg.	1876	M.-aide-major 1886.
Hanonnet de la Grange (L.-D.-A.).	10 sep. 1852.	Vendresse.	1873	Lieut., 1887.

I

Imécourt La Loge C.-H. de Vassinghac d').	1655.	. . . .	. . . .	Cap., 1682.
Innocenti (Joseph-Ch.-Alex.-Alf.).	30 nov. 1824.	Metz.	1844	Lieut.-colonel 1873.

J

Juston (Raymond.)	25 mars 1736.	. . . .	. . . .	S.-l., 1791. L., 1792. C., 1792
Juigné (Casimir de).	4 mars 1759.	Angers.	. . . .	S.-l., 1779. L., 1783.
Jean (Michel).	13 juil. 1778.	Valanville (Manche).	1792	S.-l., 1813.
Journu (Phil.-Georges).	17 août 1783.	Marseille.	. . . .	S.-l., 1814.
Juste.	. . . . . .	. . . .	. . . .	S.-l., 1789.
Juglar (J.-B.-Ant).	17 janv. 1813.	Manosque (Basses-Alpes)	1835	Cap., 1854.
Junqua (Armand-Ernest).	16 fév. 1816.	Lectoure.	1834	Cap., 1854.
Jouve (Auguste).	16 août 1831.	Sejean.	1841	Lieut., 1859.
Jenny (Auguste).	30 sep. 1830.	Schlestadt.	1848	S.-l., 1861.
Jarry (Paul-Louis).	25 août 1834.	Paris.	1851	S.-l., 1870.
Jalabert (Armand).	. . . . . .	. . . .	. . . .	. . . .
Jocteur de Monrozier (H.-F.-L.).	11 mars 1829.	Châtenay.	1848	Ch. d'es., 1872 et 1873.
Jacques (P.-Louis-Justin).	26 sep. 1836.	Nancy.	1854	Lieut., 1873.

K

Kieffling (Ignace). dit Hinck.	. . . . . .	. . . .	1773	S.-l., 1792. L., 1792. C., 1794
Kaltembacker (Bernard).	7 nov. 1787.	Joigny.	. . . .	S.-l., 1813.
Kaltembacher.	. . . . . .	. . . .	. . . .	S.-l., 1809. L., 1812. C., 1812
Kieffre (Jean-Simon).	28 oct. 1755.	Benfeld.	1772	S.-l., 1792. L., 1793. C., 1794
Kazard (J.-B.-Gustave).	15 avr. 1825.	Valenciennes.	1843	Cap., 1865.

12ᵉ CUIRASSIERS.

NOMS	NAISSANCE	ENTRÉE AU SERVICE	POSITION AU RÉGIMENT
Keller (Jean).	23 mars 1826	Mulhouse.	1848	Lieut., 1866.
Kalt (Nicolas).	6 janv. 1826.	Dietwiller (Haut-Rhin).	1847	Cap. d'habil., 1873.
Kergariou (Paul-G.-A.-M. de).	7 juin 1849.	Lommerit.	S.-C. 1868.	Ch. d'es.,1887

L

Laforcade (de).	. . . . . .	. . . . . .	. . . .	Cap.-m., 1674
Lostanges (de).	. . . . . .	. . . . . .	. . . .	Col. réf., 1678.
Loys.	. . . . . .	. . . . . .	. . . .	Lieut., 1746.
Laio (de).	. . . . . .	. . . . . .	. . . .	Lieut., 1762.
Lorge (comte de).	. . . . . .	. . . . . .	. . . .	M. de camp en 2ᵉ, 1772.
Laval (comte de).	. . . . . .	. . . . . .	. . . .	Cap., 1772.
Lhollier.	. . . . . .	. . . . . .	. . . .	Q.-mait., 1773
Lostande (de).	. . . . . .	. . . . . .	. . . .	Cap., 1780.
Launay de Vallerie (Ch.-Durand de).	8 mars 1738.	. . . . . .	1754	L.-col., 1791. Col., 1792.
Lusigny (Anne-Ph. Ganay de).	26 mars 1756	. . . . . .	. . . .	L., 1778. Cap. 1785.
Labonne d'Escabillon (Franç.).	27 sep. 1739.	St-Cyr-les-Ch. (Périgord).	1759	S.-l., 1765. L., 1769.
Lac de Cazefort (A.-J.-B.-L.-F. du).	29 mai 1757.	Nantes.	. . . .	Cap., 1792.
Le Long (Jean).	1757.	. . . . . .	1774	S.-l., 1792.
Leysenne (Ch.).	17 oct. 1760.	. . . . . .	1779	S.-l., 1792. L., 1794.
Le Clerc (Victor-Emmanuel).	17 mars 1772	Pontoise.	. . . .	S.-l., 1792.
Lequay (Nicolas).	24 janv. 1762	Phalsbourg.	1782	S.-l., 1793. Ch. d'esc., 1807.
Lamiral (Jos.-François).	2 mai 1764.	Membuy.	1783	S.-l., 1793. L., 1794.
Lefetz (Louis-Fr.-Hippolyte).	22 janv. 1766.	Wailly (Pas-de-Calais)	. . . .	L., 1795. Cap., 1803.
Lecœur (J.-Pierre).	11 fév. 1768.	Eschentzweiler.	1785	L., 1806. Adj.-m., 1808. C., 1809.
La Loyère (Arm.).	. . . . . .	Dijon.	. . . .	Major, 1813.
Lacroix, dit Jalland (N.-Franç.).	. . . . . .	. . . . . .	. . . .	L., 1806. Cap., 1808.
Longuet (Louis-Hugues).	30 nov. 1779.	Versailles.	1810	S.-l., 1808. L., 1811. C., 1813
Lefelz (Auguste).	25 août 1785.	Arras.	. . . .	S.-l., 1809. L., 1812.
Leclair (Jacques).	12 mars 1775.	Saint-Mime (Seine-et-Oise)	. . . .	Lieut., 1813.
Langlet (Louis-Fr.).	24 août 1778.	Prévilex (Oise).	. . . .	S.-l., 1812. L., 1814.
Liancourt (Ch.).	19 août 1786.	Soissons.	1808	S.-l., 1812.
Lucot (J.-B.-Pierre)	4 juin 1787.	Tiblemont (Marne).	1807	S.-l., 1813..

LISTE ALPHABÉTIQUE.

NOMS	NAISSANCE	ENTRÉE AU SERVICE	POSITION AU RÉGIMENT
Le Tavernier (Victor).	6 janv. 1792.	Torquesne (Calvados).	1811	S.-l., 1813.
Lacour (Alex.).	28 sep. 1777.	Paris.	. . . . .	Major, 1814.
Lagay (Jér.-François).	24 janv. 1778.	Villefranche.	1798	. . . . .
Laprune.	. . . . .	. . . . .	. . . . .	S.-l., 1792.
Lespinau.	. . . . .	. . . . .	. . . . .	Cap., 1800.
Lemarchand.	. . . . .	. . . . .	. . . . .	Cap., 1807.
Lefaivre.	. . . . .	. . . . .	. . . . .	Ch. d'es., 1808 Maj.en2e 1811
Lamiral.	. . . . .	. . . . .	. . . . .	S.-l., 1809. L., 1812.
Lenormand de Flajac.	. . . . .	. . . . .	. . . . .	S.-l., 1812.
Laroche - Tourteau de Septeuil (Ach.-Armand de).	27 déc. 1812.	Paris.	S.-C. 1831	Ch. d'es., 1854 Col., 1863.
Lagarde (Fr. de).	18 mars 1809	Lesterp (Charente).	1828	Cap., 1854.
Léorat (Henry).	17 mars 1814	Lyon.	1832	Cap., 1854.
Lecarlier de Veslud (Ch.-Nap.-Eug.).	31 oct. 1810.	Rhède. (Westphalie).	1830	Lieut., 1854.
Laclède (Antoine).	15 mars 1826.	Caylus.	1845	S.-l., 1855. L., 1860.
Liston (Désiré-Charles).	2 avr. 1826.	Morsan.	1844	S.-l., 1855. L., 1860.
Labrousse (Phil.-Auguste).	4 avr. 1830.	Paris.	1849	S.-l., 1856.
Lebas de Courmont (Louis-Phil.).	5 sep. 1830.	Meudon.	1849	S.-l., 1856. L., 1864.
Lafon (Jean).	22 mars 1825	Martel.	1848	S.-l., 1857.
Letellier (Marc).	25 avr. 1825.	Hanvoile.	1848	S.-l., 1858.
Lebrun (Jean-Baptiste).	2 avr. 1817.	Metz.	1829	Cap., 1859.
Lorentz (Henri-Joseph).	15 juil.	Saint-Nicolas.	1851	S.-l., 1864.
Laville (Ant.-Léon)	14 oct. 1818.	Chambornay (Haute-Saône).	1837	Cap., 1866.
Lacroix (Jos.-Xavier).	1er sept. 1817.	Pratz (Jura).	1838	Cap., 1866.
Laborde (Jean-Eugène).	21 nov. 1823.	Argelès.	1842	Cap. 1864. Ch. d'es., 1873.
Leclerc (Augustin-Marc).	2 août 1828.	Richelieu.	1846	Cap., 1863.
Loynes (Victor-Edgard de).	1er janv. 1835.	Paris.	S.-C. 1852	Lieut., 1866
Lelandais (Victor-Prosper).	18 juil. 1822.	Neuville.	1845	Lieut., 1866.
Lonca (Jean-Marie)	15 oct. 1821.	Iliis (Hautes-Pyrénées).	1842	L... 1866. Cap., 1870.
Lades (Gab.-Félix-Frédéric).	19 mars 1822	Sorèze.	1842	S.-l., 1857. L., 1866.
Lecler. (Pierre-Eugène).	19 nov. 1830.	Sancy.	1849	S.-l., 1863.

12ᵉ CUIRASSIERS.

NOMS	NAISSANCE	ENTRÉE AU SERVICE	POSITION AU RÉGIMENT
Le Grand de Vaux (Almir-Marie).	14 juin 1845. Paris.	1864	S.-l., 1868.
Letourneur (Félix-Eugène).	24 juil. 1819. Lille.	1838	Lieut.-colonel 1869.
Langlaude (Jean-Joseph-Léon).	23 juin 1838. Urbeis (Bas-Rhin).	1859	S.-l., 1870. L., 1875. C. 1881.
Libert (Marie-Georges).	24 avr. 1847. Bercy.	1866	S.-l., 1870.
Lemaître (Alex.-Clément).	11 janv. 1831 Paris.	1848	Ch. d'es. 1871
Lefort (Ach.-Léon).	4 juin 1836. Beuvron.	1855	S.-l., 1872.
Leguelle (Edouard-Achille).	24 oct. 1838. Orbec.	1859	S.-l., 1871.
Lepetit de Sérans (Marie-Alb.-Gaëtan).	15 oct. 1845. Sérans.	1864	S.-l., 1870. L., 1878.
Laymond (Fr.).	14 juil. 1844. Condé.	1865	Lieut., 1879.
Lechevallier (Jos.-Vict.-Guil.).	9 avril 1855. Caen.	1872	S.-l, 1881. L., 1886.
Libault de la Chevasnerie (A.-M.-F.-I.-Ch.-A.).	12 juin 1856. Saint-Géréon.	1875	L., 1881. Cap., 1887.
Lucas (Elie).	. . . . .	. . . . .	Méd.-a.-maj., 1883.
Laval (Justin).	14 févr. 1814 Beaulieu.	1861	C.-trés., 1886.
Louis (Jean-Marie).	29 oct. 1832. Rennes.	1850	L.-col., 1886.
Lepinte (Firmin-Sylvain).	9 déc. 1853. Neunet-Planches.	1870	Vétér. en 1ᵉʳ, 1887.
Laurent (M.-J.-A.)	. . . . .	. . . . .	Méd.-maj.1888

M

Murçay (Phil. de Valois de Valette, marquis de).	. . . . .	. . . . .	Mest. de camp, 1689.
Mottepaillac (de la)	. . . . .	. . . . .	Cap., 1697.
Mérieux (de).	. . . . .	. . . . .	Cap., 1703.
Mareuil (de).	. . . . .	. . . . .	Cap., 1705.
Mesples (de).	. . . . .	. . . . .	Maj.,1735. L.-col., 1744.
Mesples (de).	. . . . .	. . . . .	Cap., 1746.
Monchal (de).	. . . . .	. . . . .	Lieut., 1746.
Marbœuf (Ch.-L.-René, marquis de)	. . . . .	1738	Mest. de camp 1747.
Mercy (chevalier de)	. . . . .	. . . . .	Lieut., 1774.
Monbrun.	. . . . .	. . . . .	Lieut., 1774.
Monbadon (de).	. . . . .	. . . . .	S.-l., 1776.
Meun de la Ferté (de).	. . . . .	. . . . .	S.-l., 1779.
Merle (L.-S.-J.-B.-V., comte de la Gorce de).	24 oct. 1745. Salavas-en-V.	. . . . .	S.-l., 1771. C., 1776. L.-col., 1782.

LISTE ALPHABETIQUE. 203

NOMS	NAISSANCE		ENTRÉE AU SERVICE	POSITION AU RÉGIMENT
Martine (Pierre de la).	21 sep. 1752.	Mâcon.	....	S.-l., 1776. L., 1779. C. 1788
Montclar (Ach.-Armand Gelly de).	20 juil. 1752.	......	....	Cap. réformé, 1789.
Mouster.	......	......	....	Cap., 1795.
Marcon (Paul de).	24 mars 1775.	......	1773	S.-l., 1774. L., 1788.
Marcieu (P.-Eléonor de).	14 mai 1771.	......	....	S.-l., 1786.
Mortier (François).	1753.	Nausseval. (Somme).	1770	S.-l., 1794. L., 1798.
Moreau (Louis).	24 déc. 1768.	Tours.	1786	S.-l., 1793.
Marcotte (Alex.-Julien).	25 janv. 1769	Paris.	....	Ch. d'es. 1803.
Mathis (Marc).	20 mai 1775.	Bouecknomme (Bas-Rhin).	1793	S.-l., 1800. C., 1808. Ch. d'es. 1813.
Mestre (Simon-Mathias).	3 févr. 1778.	Sainte-Foix (Gironde).	....	S.-l., 1804. L., 1802.
Meguet (Jean-Baptiste).	26 juin 1760.	......	1778	S.-l., 1802. L., 1803.
Mamelet (Léopold).	15 nov. 1782.	Conflans (Haute-Savoie)	1800	S.-l., 1809. L., 1813.
Michel (Nicolas).	18 déc. 1759.	Audecourt (Meuse).	....	Lieut., 1805.
Maugery.	......	......	....	Ch. d'es. 1811
Michel (Frédéric).	13 nov. 1785.	Neuhornback.	....	S.-aide-major, 1815.
Méneret (Pierre).	5 avr. 1765.	Estissac (Aube).	1787	S.-l., 1808. L., 1809. C. 1813
Montchoisy (Abel-J.-Louis de).	2 sep. 1790.	Morces (Drôme).	....	S.-l., 1808. L., 1812. C. 1813
Morin (François).	17 oct. 1772.	Saint-Germain	....	S.-l., 1809. L., 1813.
Metz (Xavier).	1778.	Epsigue (Bas-Rhin).	1790	S.-l., 1812. L., 1813.
Moret (Joseph).	19 sep. 1778.	Benfeld (Bas-Rhin).	1797	S.-l., 1813.
Malherbe (Adolphe)	9 avr. 1792.	Le Mans.	....	S.-l., 1812.
Matthe (Nicolas-Charles).	5 oct. 1786.	Amsterdam.	....	C.-adj.-maj., 1814.
Mozer (Joseph).	19 sep. 1778.	Rhinfeld (Bas-Rhin).	....	S.-l., 1813.
Maréchaux (André).	7 oct. 1789.	Fontainebleau	1810	S.-l., 1814.
Martin (Louis).	25 janv. 1772	Coutance.	1788	S.-l., 1814.
Mazoyer.	......	......	....	S.-l., 1815.
Monsch (Joseph).	4 mai 1780.	Rocroi.	1798	Cap., 1813.
Millot.	......	......	....	Lieut., 1809.
Marange (S.-L.).	......	......	....	S.-l., 1809.
Massue (Félix).	7 déc. 1811.	Paris.	1830	Ch. d'es., 1854
Martine (Louis-Joseph).	12 juil. 1809.	Paris.	1830	Cap., 1854.
Michaux (Hippol.-Antoine).	20 mai 1818.	Troyes.	1839	L., 1834. Cap., 1855.

12ᵉ CUIRASSIERS.

NOMS	NAISSANCE	ENTRÉE AU SERVICE	POSITION AU RÉGIMENT
Mallet (François).	2 déc. 1820.	Vigne le-Haut (Nièvre).	1839	L., 1854. Cap., 1858.
Marq de Saint-Hilaire (J.-M.-A.).	5 mai 1829.	Crécy (Aisne).	S.-C. 1846	L., 1854. Cap., 1859.
Morin-Frémion (C).	13 nov. 1828.	Savenay.	1848	S.-l., 1858.
Milliot (Augustin-Emile).	4 juil. 1820.	Le Mans.	1838	Cap., 1861.
Mottet (Pierre-Marie-Eugène).	11 fév. 1819.	Lyon.	1838	Cap., 1863.
Meurice (Charles-Louis).	13 janv. 1820	Esquernes (N.)	1841	Cap., 1862.
Mailly (Ed.-Nicolas)	24 déc. 1822.	Brevones (Aube).	1843	Lieut., 1866.
Mansenceau (P.).	3 nov. 1826.	Léognan (Gironde).	1847	S.-l., 1856. L., 1867. C., 1872
Mélin (Victor).	31 mars 1824	Saversine (Aisne).	1845	S.-l., 1861. L., 1869. C., 1872
Mégard le Pays de Bourjolly (P.-J.-O.)	9 août 1835.	Colmar.	1853	S.-l., 1864. L., 1870. C., 1873
Merme (Louis-Ed.).	3 janv. 1833.	Pouilly-Saint-Genix.	1853	S.-l., 1863. L., 1830.
Masson (Joseph-Jules).	25 avr. 1827.	Roquemaure.	1847	Cap., 1869. C. d'hab., 1871.
Mesnil de Maricourt (L. L.-G.).	10 nov. 1822.	Paris.	1842	Cap., 1870.
Michaud (Jean-Ad.)	13 mai 1834.	Nan-sous-Thil.	1855	S.-l., 1870.
Muller de Saint-Gervais (Louis).	19 avril 1842.	Paris.	1860	S.-l., 1870.
Maldidier (Pierre).	4 fév. 1841.	Nomeny.	1860	S.-l., 1870. L., 1875.
Marsaa (Simon).	16 nov. 1810.	Etsault.	1831	Lieut., 1870.
Marcet (J.-Pierre-Jos.-Firmin).	5 août 1841.	Ecornebœuf.	1859	S.-l., 1871.
Morin (Louis).	3 nov. 1822.	Saint-Léonard.	1842	Ch. d'es., 1871.
Morris (Paul-Louis)	10 sept. 1846	Oran.	1865	Cap., 1871.
Montlaurent (Pierre-Eugène).	9 mars 1843.	Reims.	1865	Cap., 1871.
Martin Charles-Auguste).	6 avr. 1843.	Saint-Denis de Nère.	1864	S.-l., 1871.
Marié (Alfred).	3 août 1837.	Azey-le-Ferron	1858	S.-l., 1871.
Merson (Georges-Albert-Gabriel).	12 août 1844.	Villers-Sermeuze.	1861	S.-l., 1871.
Maurer (Jean-Baptiste).	7 sept. 1847.	Ensisheim (Bas-Rhin).	1864	S.-l., 1871.
Michaud (Et.-Hect.-Jules).	9 avril 1849.	Saumur.	1863	S.-l., 1871.
Moitrier (Aimé-Marie).	9 mai 1848.	Lunéville.	1865	S.-l., 1874. C., 1887.
Maür Louis-Ant.).	2 avril 1845.	Dôle.	1864	Cap., 1876.
Mataly de Maran (P.-Mich.).	30 avril 1833.	Chartres.	1852	Cap., 1877.
Masin (Rich.-Phil.-Joseph de).	28 sept. 1832	Fontainebleau	1852	Ch. d'es., 1878.

LISTE ALPHABÉTIQUE.

NOMS	NAISSANCE		ENTRÉE AU SERVICE	POSITION AU RÉGIMENT
Macé de Gastines (Léonce-Marie).	9 déc. 1858.	Paris.	1878	S.-l., 1881.
Malen (S.-P.-Éd.-Marguerite).	1ᵉʳ sept. 1857	Saint-Émilion.	1877	Lieut., 1884.
Mercier (Pierre-Thomas-M.-A.).	20 nov. 1854.	Langres.	1874	Lieut., 1887.
Marécaux (P.-J).	18 juin 1838.	Douai.	1859	L.-col., 1888.
Muller (L.-J.-P.).	20 oct. 1864.	Paris.	1882	S.-l., 1888.

N

Noé (marquis de).	. . . .	. . . .	. . . .	L.-col., 1758.
Nayrod (Christ.-Fr de).	21 juil. 1752.	Auch.	. . . .	S.-l., 1769. L., 1779.
Neuter (Joseph-Daniel).	31 janv. 1747.	Strasbourg.	. . . .	S.-l., 1797. L., 1798.
Neinser.	. . . .	Strasbourg.	. . . .	Lieut., 1798.
Navetier.	. . . .	. . . .	. . . .	S.-l., 1807.
Nicole.	. . . .	. . . .	. . . .	Ch. d'es.,1809.
Nérat (Fr.-Ed.).	23 déc. 1813.	Paris.	1832	Major, 1854.
Nassy (Nicolas-Marcien).	8 mars 1831.	Metz.	S.-C. 1849	S.-l., 1854. L., 1856.
Nérin (Pierre-Marie-Léopold).	24 nov. 1819.	Avallon.	S.-C. 1839	Ch. d'es.,1860.
Nadaud (Pierre).	11 mai 1817.	Moulins.	1838	Cap., 1861.
Noüe (Armand-Marie de).	13 juin 1838.	Paris.	1858	S.-l., 1865. L., 1867. C., 1872
Nelaton (Didier-François).	15 déc. 1845.	Bercy.	1865	S.-l., 1871.
Nivelleau de la Brunière (V.-M.-Ch.).	30 juil. 1885.	La Gaubretière	1875	S.-l., 1881.
Noël (Louis-Eug.-Léon).	27 avril 1852	Sommervillers	1872	Lieut., 1887.
Nallet (Jean-Jos.).	13 août 1857.	Voreppe.	1876	Vétérin. en 2ᵉ, 1887.

O

Oppermann.	. . . .	. . . .	. . . .	Aide-m.,1806.

P

Pinfamont (de).	. . . .	. . . .	. . . .	Lieut., 1762.
Puissérat (de).	. . . .	. . . .	. . . .	Cap., 1773.
Parmentier.	. . . .	. . . .	. . . .	S.-l., 1781.
Polastron (Denis-Gab.-Adhém. de).	13 avril 1760.	. . . .	. . . .	Mest. de camp 1784. Colon., 1788.
Pellerin de Gauville (M.-A.-L. Le).	1ᵉʳ mars 1749	. . . .	. . . .	Cap., 1788.
Pampelune de Genouilly (J.-E. de).	17 avril 1765.	Versailles.	1782	Cap., 1789.

12ᵉ CUIRASSIERS.

NOMS	NAISSANCE	ENTRÉE AU SERVICE	POSITION AU RÉGIMENT
Pierd'houy (Alex.).	. . . . . .	. . . . .	Cap., 1794.
Pizieu (René-Ursin-A.-L. Durand de).	25 août 1763.	. . . . . .	S.-l., 1781.
Padox (Nicolas-Gabriel-Fr.).	5 fév. 1756.	Rambervillers	1777	L., 1792. Cap., 1793.
Perrottet (Joseph).	7 sep. 1772.	Percey-le-Gr. (Haute-Saône)	1790	S.-l., 1803. L., 1806.
Pfister (Joseph).	26 nov. 1769.	Dammarie (Haut Rhin).	1790	S.-l., 1802. L., 1806. C., 1811
Prévost.	. . . . . .	. . . . . .	1797	S.-l., 1805. L., 1808. C., 1809
Pillot (Louis).	25 août 1792.	Dôle.	. . . . .	Sous-aide-major, 1811.
Patigniez (Jean).	17 sep. 1770.	Gemble (Seine-et-Oise)	1798	Lieut., 1813.
Paquin (Esprit-Jacques-Louis).	19 mai 1779.	Goupillières (Seine-Infʳᵉ).	1799	S.-l., 1813.
Perrottet (Jean-Baptiste).	18 avril 1783.	Percey-le-Gr. (Haute-Saône).	. . . .	S.-l., 1813.
Piet (Bartholoméus)	25 août 1770.	Verdun.	1789	S.-l., 1813.
Périn (Pierre-Louis-Renaud).	23 oct. 1823.	Landrecies.	1844	S.-l., 1854. L., 1856. C., 1861
Pivôt (Joseph).	17 avril 1816.	Lyon.	1834	S.-l., 1854. L., 1855. C., 1861
Pelleteret (J.-B.-Paul).	14 août 1824.	Luxeuil.	1842	S.-l., 1854. L., 1857. C., 1862
Petit de l'Hérault (A.-Jos.-Tristan).	15 oct. 1832.	Alger.	S.-C. 1851	S.-l., 1854. L., 1857.
Payen de Chavoy (H.-N.-G.-Vict.).	21 juil. 1807.	Chavoy.	S.-C. 1826	L.-col., 1857.
Pigeard (Joseph-Henry)).	12 juil. 1833.	Sarreguemines	1850	S.-l., 1859.
Pâris (Henry-Alex.-Eugène).	4 avril 1816.	Saint-Servan.	1836	Cap., 1866.
Piaud (Jean-Louis-Emile).	11 fév. 1822.	Le Havre.	1840	C., 1868. Maj., 1874.
Périssé (Paulin-Dominique).	21 juin 1832.	Thermes.	1853	S.-l., 1872.
Pacot (Pierre-Hub.).	25 août 1835.	Coulmier-le-Sec.	1856	S.-l., 1870. L., 1878.
Pionnet (François).	14 sep. 1839.	Fondremand.	1860	S.-l., 1871.
Paget (Jean-Bapt.-Alfred).	16 mars 1837.	Dôle.	1854	Lieut., 1872.
Perrin (Jules-Eugène).	28 mars 1833	Paris.	1872	Lieut., 1879.
Pimpel (Charles-Liboire).	30 juin 1850.	Banville-s.-Madon.	1868	Lieut., 1879.
Petit (Jean).	1ᵉʳ juil. 1842.	Beauvais.	1860	Cap., 1881.
Prieur-Duperray (Gab.-L.-J.).	22 oct. 1854.	Baugé.	1875	Lieut., 1885.
Pousillat Duplessis (M.-R.-A. de).	22 janv. 1850.	Saint-Paulet.	1870	Cap., 1886.
Poncet (Jos.-Ulysse)	28 nov. 1847.	Montréal.	1866	C.-trés., 1884.

LISTE ALPHABÉTIQUE.

NOMS	NAISSANCE		ENTRÉE AU SERVICE	POSITION AU RÉGIMENT
Prieur de Rocquemont (A.-M.-J. Le).	2 fév. 1857.	Besançon.	S.-C. 1875	Cap., 1887.
Place (René-Louis-Gust. de).	26 nov. 1862.	Rennes.	S.-C. 1881	S.-l., 1884. L., 1887.
Pavin de Montélégier (M.-L.-R.-H. de).	15 août 1856.	Montélimar.	S.-C. 1876	L. inst., 1879.

Q

Quintin (duc de).	. . . . . .	. . . . . .	. . . . .	Mest. de camp en 2ᵉ, 1773.
Quincieux (Camille-Hector).	17 oct. 1783.	Côte-St-André (Isère).	. . . . .	Chir.-m., 1814
Quinsonas (Albéric-Henry-Marie-Octavien (Pourroy Lauberivière de).	19 nov. 1856.	Crémieu.	S.-C. 1876	S.-l., 1879.

R

Rassal (de).	. . . . . .	. . . . . .	. . . . .	Cap., 1703.
Raincourt (de).	. . . . . .	. . . . . .	. . . . .	L.-col., 1763.
Rurange.	. . . . . .	. . . . . .	. . . . .	Cap., 1765.
Rastignac (de).	. . . . . .	. . . . . .	. . . . .	Cap., 1777.
Roys (comte de).	. . . . . .	. . . . . .	. . . . .	Cap., 1782.
Raincourt A.-P. (comte de).	15 sep. 1754.	Abenas.	1769	S.-l.,1770. Ch. d'es., 1788.
Rathier (Alex.-L.).	15 oct. 1771.	Ste-Cr. de Mortagne (Orne).	. . .	S.-l., 1792. L., 1793.
Rolland (Pierre).	8 juin 1772.	Montpellier.	1791	Ch. d'es.,1803. Major, 1803.
Ract (Joseph, dit Ractmadoux).	19 nov. 1767.	Chevron (Mont-Blanc).	1786	Cap., 1801.
Rouot (Ant.-Phil. de)	25 sep. 1782.	Saint-Dié (Vosges).	1801	S.-l., 1809. L., 1812. Adj.-m. 1815.
Regnonval (Nicolas).	26 oct. 1791.	Beauvais.	1808	S.-l., 1813.
Roaldès.	. . . . . .	. . . . . .	. . . . .	S.-aide-major, 1806. Aide-maj., 1807.
Renner.				Cap., 1809.
Rigaux (Fr.-Aug.).	8 janv. 1808.	La Fère.	1830	Cap.,1854.
Richon (Gustave-Numa).	15 nov. 1821.	Blandecques.	1842	Lieut., 1854.
Ravel (J.-B.-Désiré-Henry de).	22 juin 1830.	Paris.	1848	S.-l., 1854. L., 1856.
Rosetti (Gust.-Hect.-Scipion-Marie-Joseph).	1ᵉʳ nov. 1813.	Chiaja.	S.-C. 1831	L.-col., 1863.
Reboul (Ch.-Bern.).	19 nov. 1825.	Naples.	S.-C. 1815	Ch. d'es.,1862.

NOMS	NAISSANCE		ENTRÉE AU SERVICE	POSITION AU RÉGIMENT
Roussange (Emery)	7 nov. 1820.	Saint-Junien (Haute-Vienne)	1841	Cap., 1866.
Rougnon (Fr.).	9 janv. 1827.	Saint-Brisson.	1848	S.-l., 1862.
Rott (Jean).	16 déc. 1820.	Mulhouse.	1838	S.-l., 1866.
Rovira (Ch.-Henry-Jean-Jacq. de).	27 nov. 1837.	Perpignan.	1870	S.-l., 1871. L.. 1871.
Rusch (Philippe).	2 mai 1846.	Brumath.	1867	S.-l., 1871. L.. 1878.
Richard (Jean-Marie).	23 sep. 1836.	Rochefort.	1856	S.-l., 1871.
Rabarot (Jean-René-Hip.).	2 juin 1828.	Paris.	1849	Cap., 1872.
Rode (Henri-Saturnin).	30 mars 1833.	Nangis.	1850	Lieut., 1873.
Rosier (Henry-Napoléon).	10 mai 1831.	Paris.	1851	L.-col., 1875.
Rupert (Marie-Et.-Henry-Gab.).	19 déc. 1837.	Fribourg.	1856	C. d'hab., 1877 Cap., 1878.
Roux (Victor-Eug. Alexandre).	6 mars 1837.	Bercy.	1856	Cap., 1876.
Richard (Charles-Jules).	16 mars 1856.	Le Mans.	1875	S.-l., 1877.
Rouilliés (Em.-Fran. Hilaire).	21 janv. 1836	Agen.	1855	Major, 1878.
Roucaud (Etienne).	23 janv. 1852.	Golfech.	1874	S.-l., 1878.
Rougier (Jean-Ch.-Annibal).	31 mars 1854.	Lyon.	1870	. . . . .
Renard (Ern.-Anat.-Amédée).	18 fév. 1851.	Oron.	1868	Lieut., 1882.
Reynart (Edmond-Edouard-Théod.).	5 janv. 1861.	Paris.	1881	S.-l., 1885.
Robinot de la Pichardais (Louis).	17 avr. 1855.	Sedan.	1875	S.-l., 1885.
Rivet de Chaussepierre (A.-H.).	15 janv. 1847.	Metz.	S.-C. 1866	Maj., 1889.

S

Saint-Gelais (Ch. de Lusignan, marquis de).	. . . . .	. . . . .	. . . . .	Mest. de camp 1669.
Sautour (de).	. . . . .	. . . . .	. . . . .	Cap., 1674.
Salle de Rochetelle (de).	. . . . .	. . . . .	. . . . .	Cornette, 1674
Sérizy (de).	. . . . .	. . . . .	. . . . .	Cornette, 1674
Secousse (de).	. . . . .	. . . . .	. . . . .	Cap., 1702.
Seyssel (de).	. . . . .	. . . . .	. . . . .	L.-col., 1758.
Saint-Nicolas (de).	. . . . .	. . . . .	. . . . .	Lieut., 1762.
Saint-Sever (de).	. . . . .	. . . . .	. . . . .	Cap., 1765.
Saint-Sever (de).	. . . . .	. . . . .	. . . . .	S.-l., 1776.
Saint-Sauveur (marquis de).	. . . . .	. . . . .	. . . . .	Cap., 1772.

LISTE ALPHABÉTIQUE.

NOMS	NAISSANCE		ENTRÉE AU SERVICE	POSITION AU RÉGIMENT
Salle (de la).				S.-l., 1781.
Sombs de Fajeac (Gabriel de).				Major, 1788.
Simon (Pierre-Fr.).	10 juin 1733.		1754	S.-l., 1792. L., 1792. C., 1793
Saint-Denis (A.-P.-C.-T. Hurault de).	1er nov. 1755.			S.-l., 1772. C., 1783.
Salvignac (Jean de)	19 janv. 1759.	Bordeaux.		Cap., 1787.
Savaron (Guil.-C. de).	2 mai 1751.	Lyon.		S.-l., 1767. L., 1772. C., 1788
Sabran (Elzéar-L.-Zozime de).	3 janv. 1764.			S.-l., 1789.
Simon (Desle).	17 janv. 1740.	Fougerolles (Haute-Saône).	1767	S.-l., 1793.
Somman (Pierre).	29 déc. 1758.	Ewendorf.	1780	S.-l., 1793. L., 1795. C., 1803
Sitterlin (Jean).	12 mai 1739.	Gueheldwer.	1755	S.-l., 1793.
Sellier (Jean, dit Sarrelouis).	17 janv. 1764	Sarrelouis.	1785	S.-l., 1793. L., 1794. C., 1800
Simon (François).	17 déc. 1749.	Membray (Haute-Saône).	1768	S.-l., 1792. L., 1792. C., 1793
Sellier (Nicolas).		1762.	Sarrelouis.	1783	S.-l., 1793. L., 1793.Ch.d'es. 1806.
Saint-Mars.			1797	S.-l., 1805. L., 1808. C., 1809
Soulet (Nicolas).	8 mars 1784.	Metz.	1806	S.-l., 1807. L., 1809. C., 1812
Santo-Domingo.	21 juil. 1787.	Nantes.		S.-l., 1809. L., 1813.
Saint-Gilles (Marie-Jos.-Aug. de).	15 juil. 1791.	Saint-Meloir des Ondes.	1811	S.-l., 1813.
Saint-Gilles (Marie-Jos. de).	12 sep. 1792.	Saint-Meloir des Ondes.	1811	S.-l., 1813.
Siméon (François).	20 oct. 1778.	Blandy.		S.-l., 1813.
Strub (Fr.-Xavier).	15 sep. 1768.	Resenville (Bas-Rhin).	1786	Colonel, 1813.
St-Chéron (Alexandre).	2 nov. 1768.	Santery (Indre)	1788	Cap., 1814.
Ségur (de).				Lieut., 1807.
Schlosser (Joseph-Henri-Gust.).	18 mai 1821.	Moulins.	S.-C. 1839	C.-adj.-major, 1854.
Sautereau (P.-Fr.-Jacq.-Noël).	25 déc. 1815.	Strasbourg.	1835	Lieut., 1854.
Soulages (Aug.-E.-H.-Gédéon de).	21 déc. 1819.	Sorèze (Tarn).	1842	Cap., 1866.
Sénilhes (Moujol de Carriès, J.-P.-L.-Al. de).	22 avril 1827.	Lacaune.	1848	S.-l., 1862. L., 1870.
Sahuqué (Ch.-Mar.-Clément de).	23 nov. 1822.	Toulouse.	1842	Ch.d'es., 1869.
Steiner (Louis-Frédéric).	2 sept. 1847.	Ribeauvillé.	1865	S.-l., 1870.

12ᵉ CUIRASSIERS.

NOMS	NAISSANCE		ENTRÉE AU SERVICE	POSITION AU RÉGIMENT
Simon (Ch.-Aimé).	17 déc. 1824.	Arçon.	1845	S.-l., 1870.
Van Schalkwick de Boisaubin (Ed.).	23 fév. 1834.	Morris (États-Unis).	1854	Ch. d'es., 1878.
Saint-Pol (Raym.-Marie de).	10 sep. 1852.	Neuilly-le-Malherbe.	1873	Lieut., 1882.
Soulange-Bodin (Thomas-Eug.).	12 oct. 1857.	Naples.	1877	Lieut., 1885.
Salenave (Paul-Arthur).	3 nov. 1849.	Louvres.	1868	Vétér. en 1ᵉʳ, 1886.
Schelameur (Emile-Frédéric).	2 nov. 1862.	Héricourt.	1880	A.-vétér., 1885
Sauvages de Brantes (P.-Marie-Jos.).	2 août 1864.	Paris.	1884	S.-l., 1887.
Ségur d'Aguesseau (E.-M.-J.-C.-A. de).	22 août 1861.	Oléac-Debat (H.-Pyrénées).	1882	S.-l., 1887.

T

NOMS	NAISSANCE		ENTRÉE AU SERVICE	POSITION AU RÉGIMENT
Talleyrand-Périgord (G.-M., comte de).	. . . . .	. . . . .	. . .	Mest. de camp 1763.
Talleyrand-Périgord (L.-M.-A., marquis de).	. . . . .	. . . . .	. . .	Mest. de camp 1761.
Toulongeon (Hip.-J.-René de).	. . . . .	. . . . .	. . .	Mest. de camp en 2ᵉ, 1776. En 1ᵉʳ, 1780.
Try de Pillavoine (de).	. . . . .	. . . . .	. . .	L.-col., 1759.
Tracy (comte de).	. . . . .	. . . . .	. . .	Cap., 1774.
Tramus.	. . . . .	. . . . .	. . .	S.-l., 1781.
Tauzia de la Litterie (F.-D. de).	8 mars 1738.	. . . . .	1754	L.-col., 1792. Col., 1792.
Tillet de Montramé (Ch.-L.-Alph. du).	7 juil. 1766.	Paris.	. . .	S.-l., 1781. C.-réfor., 1786.
Thierry (Bénigne).	26 oct. 1765.	Langres.	. . .	S.-l., 1783. L., 1792.
Tudert (Fr.-Marie-Claude de).	5 juil. 1768.	. . . . .	. . .	S.-l., 1791.
Turin (Marie-Ch.-Phil.-Elisabeth).	. . . . .	Celon (Orne).	. . .	S.-l., 1792. L., 1792.
Tauzia (Jean).	23 juil. 1772.	Bordeaux.	1788	S.-l., 1792.
Teillard-Beynac.	25 nov. 1791.	Murat (Cantal)	1810	S.-l., 1813.
Thurot (Charles-Nicolas).	20 mars 1773	Brissole (Allier).	1790	Colonel, 1813.
Thielman (Fr.-Xavier).	20 déc. 1776.	Reims.	. . .	S.-l., 1814.
Thornton (Léon).	25 fév. 1821.	Nantes.	1842	Ch. d'es., 1859.
Tarragon (Henry-Ch.-Louis de).	1ᵉʳ fév. 1832.	Romilly.	1851	S.-l., 1856. L., 1866.
Tiersonnier (Ch.-Paul).	23 oct. 1832.	Saincaize-Meauce	1850	S.-l., 1866.
Thomas (Gust.-Fr.-Maximien).	27 juin 1827.	Metz.	1845	Cap., 1866.

LISTE ALPHABÉTIQUE.

NOMS	NAISSANCE		ENTRÉE AU SERVICE	POSITION AU RÉGIMENT
Thibault de Ménonville (A.-Ant.).	8 août 1844.	Rambervillers	1864	S.-l., 1868.
Touvenin (Jean-Ch.)	3 oct. 1826.	Troussey.	1845	Cap., 1869.
Tarragon (Louis-P.-Georges de).	25 août 1836.	Romilly-sur-Aigle.	1855	S.-l., 1870.
Thirion de Montelin (H.-E.-G.).	18 mars 1844	Paris.	1870	S.-l., 1872.
Tillette de Clermont-Tonnerre (R.)	21 déc. 1851.	Cambron.	1869	Cap., 1886.
Toscan du Terrail (L.-P.-V.).	15 oct. 1830.	Grenoble.	1850	L.-col., 1882.
Tannoüarn (Louis-Marie-Jean de).	27 déc. 1855.	Périgny.	1875	Lieut., 1886.
Tastet (P.-M.-Ph.-M.-Alfred.	1er mai 1845.	Roquefort.	1866	Cap., 1886.

U

Übelmann.	. . . . .	. . . . .	. . . . .	S.-l., 1811.
Urtin (Paul-Hector)	19 juin 1834.	Condrieu.	S.-C. 1851	L., 1860. Cap., 1863.

V

Vallière (de la Baume le Blanc, marquis de la).	. . . . .	. . . . .	. . . . .	Mest. de camp 1668.
Vandeuil (marquis de).	. . . . .	. . . . .	. . . . .	Mest. de camp 1706.
Volvire (marquis de).	. . . . .	. . . . .	. . . . .	Mest. de camp 1738.
Vibraye (Louis-Hurault, marquis de)	. . . . .	. . . . .	. . . . .	Mest. de camp 1763.
Vibraye (comte de).	. . . . .	. . . . .	. . . . .	A.-maj., 1767.
Vomas (de).	. . . . .	. . . . .	. . . . .	Cap., 1765.
Vivières (de).	. . . . .	. . . . .	. . . . .	Cap., 1765.
Veaugeary (de).	. . . . .	. . . . .	. . . . .	Lieut., 1774.
Vitry (de).	. . . . .	. . . . .	. . . . .	S.-l., 1786.
Vassé (Vidame de).	20 avr. 1753.	. . . . .	. . . . .	Mest. de camp 1784. Colonel 1788.
Vrigny.	. . . . .	. . . . .	. . . . .	L.-col., 1792. Col., 1793.
Vivens (Marc-Ant. de Méric de).	30 sep. 1770.	St-Pierre d'Arlanc (Auvergne).	. . . . .	S.-l., 1789.
Verreaux (Jean).	6 avril 1740.	Belnot (Bourgogne).	1761	S.-lieut., 1791. Chef de brig. 1795.
Vidal (André-Jean-François).	2 sep. 1769.	Toulon.	1791	S.-l., 1792. L., 1792.

211

12ᵉ CUIRASSIERS

NOMS	NAISSANCE		ENTRÉE AU SERVICE	POSITION AU RÉGIMENT
Villiez (Jean-Bap.).	2 nov. 1778.	Nancy.	1794	S.-l., 1799. Ch. d'es., 1812.
Vézin.				Lieut., 1803.
Vilatte (Etienne).	22 nov. 1765.	Terrasson (Dordogne).	1785	S.-l., 1802. L., 1806. C., 1808.
Vernerey (Jean-Antoine).	21 sep. 1774.	Baume (Doubs)	1792	Ch.d'es., 1813.
Verpillat (Marie-P.-Etienne).	28 nov. 1779.	Rhintod (Jura)	1800	Cap. surnum., 1813.
Vangock (Jean-Fr.).	8 juil. 1787.	Bois-le-Duc.		
Vayble.	. . . . .	Heck (Haut-Rhin).	1760	S.-l., 1793.
Vieu.	. . . . .	. . . . .	. . . . .	S.-l., 1807.
Viallet.	. . . . .	. . . . .	. . . . .	S.-l., 1809.
Vaingdroye.	. . . . .	. . . . .	. . . . .	S.-l., 1809.
Vautrin.	. . . . .	. . . . .	. . . . .	S.-l., 1812.
Vecten (Jules-Achille-Xavier).	29 nov. 1805.	Bellay (Oise).	1831	C.-trés., 1854.
Valbaire (Louis-G.- de).	20 oct. 1830.	Versailles.	1848	S.-l., 1854. L., 1854. C., 1860.
Vairon (Aug.-Constant).	2 mars 1823.	Chauny.	1842	S.-l., 1854. L., 1856.
Vauchaussade de Chaumont.	10 janv. 1828.	Brousse.	1847	S.-l., 1855. L., 1860.
Villard (Aug.-Louis)	1ᵉʳ mai 1818.	Plymouth.	1841	Cap., 1858.
Vergès (Louis-Ern.- de).	13 oct. 1827.	Limours.	1847	Ch.d'es., 1870. L.-col., 1871.
Vancois (Classis-Léopold).	19 janv. 1834.	Condé-les-Autry.	1851	S.-l., 1870.
Vannier (Narcisse-Albert).	15 août 1845.	Venon.	1866	S.-l., 1873.
Vinay (Pierre-Savinien-Jos.).	26 mai 1855.	Puy.	1874	S.-l., 1877.
Ville (Aug.-Ch.-Pr.-Gaëtan de).	18 mars 1838.	Chambéry.	1854	Ch.d'es., 1877.
Vacquier (Jules-Victor-Henri).	22 mars 1848	Soissons.	1869	Lieut., 1881.
Vallet de Villeneuve-Guibert (A.-C.-M.).	8 nov. 1858.	Châlons-sur-Marne.	1878	S.-l., 1886.

W

Willaume (Claude).	10 sep. 1731.	Tilly.	1751	L. en 2ᵉ, 1776. En 1ᵉʳ, 1779. Cap., 1787.
Weibel (Jean).	20 nov. 1738.	Gitviller (Haut-Rhin).	. . . . .	S.-l., 1793.
Wendling (Michel).	7 avril 1770.	Valhenheim (Bas-Rhin).	1785	S.-l., 1812. L., 1813.
Wertz (Fréd.-H.).	11 août 1857.	Poissy.	1875	S.-l., 1883.

TABLE DES MATIÈRES

Préface I

PREMIÈRE PARTIE

Chapitre Iᵉʳ. — Louis XIV.

Formation du régiment	1
Guerre de Hollande	4
Guerre de la Ligue d'Augsbourg	8
Guerre de la Succession d'Espagne	11
Organisation sous Louis XIV	24
Uniformes et étendards	26

Chapitre II. — Louis XV et Louis XVI.

Expédition d'Espagne	29
Guerre de la Succession de Pologne	31
Guerre de la Succession d'Autriche	33
Guerre de Sept ans	38
Revue passée par le Dauphin	42
Organisation sous Louis XV et Louis XVI	45
Uniformes et étendards	49

DEUXIÈME PARTIE

Formation du 12ᵉ de Cavalerie	53
Campagne de 1792	54
— de 1793	56
— de 1794	61
— de 1795	64
— de 1796	67

TABLE DES MATIÈRES.

Campagne de 1797	70
— de 1800	72
Organisation	76
Uniformes et étendards	81

TROISIÈME PARTIE

Formation du 12e Cuirassiers	85
Campagne de 1805	86
— de 1806	89
— de 1807	90
— de 1809	95
— de 1812	101
— de 1813	107
— de 1814	113
— de 1815	123
Bataille de Waterloo	124
Organisation sous l'Empire	129
Uniformes et étendards	131

QUATRIÈME PARTIE

Formation du régiment des Cuirassiers de la garde	135
Campagne d'Italie en 1859	136
Campagne de 1870	141
Bataille de Rezonville	142
Le 9e régiment de marche de Cuirassiers	152
Formation du 12e Cuirassiers	154
Sa composition en 1889	157
Organisation	160
Uniformes et étendards	161
Les Mestres de Camp et Colonels du Régiment	163
Tableau d'honneur	173
Légion d'honneur	180
Liste alphabétique des Officiers du régiment	185
Table des matières	213

FIN DE LA TABLE DES MATIÈRES

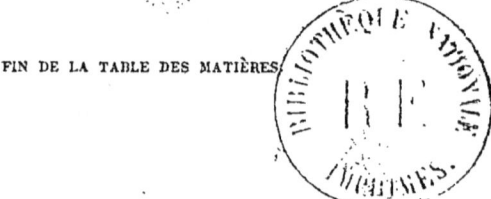

18647. — PARIS, IMPRIMERIE A. LAHURE
Rue de Fleurus, 9.

www.ingramcontent.com/pod-product-compliance
Lightning Source LLC
Chambersburg PA
CBHW051903160426
43198CB00012B/1722